Russell H. Conwell

Acres
de
Diamantes

Descubriendo diamantes en tu propio patio

Acres de diamantes
por Russell H. Conwell

Publicado por primera vez en 1915.

ISBN 978-1-937094-33-1

Una publicación de:
Editorial Renuevo
www.EditorialRenuevo.com
info@EditorialRenuevo.com

Contenido

Acres de diamantes

Agradecimiento

Aunque los libros **Acres de diamantes** de Russell H. Conwell han sido propagados por los los EE.UU., el tiempo y el cuidado han incrementado su valor, y este reciente descubridor ha visto conveniente reproducir esta magna obra en blanco y negro nuevamente, para alcanzar a multitudes para su mejoramiento.

Lo mismo que con estas joyas, hay una historia fascinante de la obra continua del Maestro Joyero que ilustra espléndidamente la medida unitaria del poder de lo que puede hacer un hombre en un día y como una sola vida puede impactar el mundo entero.

Como vecino y amigo íntimo en Filadelfia por 30 años, puedo decir que la figura alta y masculina de Russell H. Conwell sobresale como ciudadano destacado y «Hermano Mayor» de los siete millones de habitantes en el estado.

Desde el inicio de su carrera, él ha sido un testigo creible en la Corte de Obras Públicas, de la veracidad del lenguaje contundente del verso del Nuevo Testamento donde dice, «De cierto os digo que si tenéis fe como un grano de mostaza, diréis a este monte: "Pásate de aquí allá", y se pasará; y nada os será imposible.»

Como estudiante, profesor, abogado, predicador, organizador, pensador y escritor, orador, educador, diplomático, y líder de hombres, ha dejado su marca sobre su ciudad y estado y los tiempos durante los cuales ha vivido. El hombre muere pero sus obras perduran.

Sus ideas, ideales y entusiasmos han inspirado a las vidas de diez miles. Un libro lleno de la energética de un hombre profesional es precisamente lo que cada joven anhela.

1915. *{firma ilegible}*

Prólogo

Russell H. Conwell (1843 - 1925) fue un ministro bautista americano y fundador de Temple University en Filadelfia. Nación en South Worthington, Massachusetts; y enterrado en Founder's Garden en Temple University.

Acres de diamantes fue originalmente un discurso que se estima fue entregado mas de 6.000 veces a concurrencias a través del mundo. Posteriormente fue publicado como libro y ha llegado a considerarse como una de las obras clásicas en el tema de autoayuda.

Acres de diamantes

Primera parte:
Acres de diamantes

Acres de diamantes

Prefacio

Amigos,

Esta conferencia ha sido dada bajo las siguientes circunstancias: cuando visito una ciudad o un pueblo, trato de llagar lo más temprano posible para poder ver al administrador de correos, al peluquero, al hotelero, al director de las escuelas, y a los ministros de algunas iglesias, y luego voy a algunas de las fábricas y tiendas, y hablo con la gente, y trato de simpatizar con las condiciones de ese pueblo o ciudad y ver cuál ha sido su historia; qué clase de oportunidades han tenido, en qué han fallado – porque cada lugar ha fallado en hacer algo – y luego voy a dar la conferencia y hablar con esa gente acerca de los temas que se aplican a su localidad. «Acres de diamantes» – la idea – siempre ha sido exactamente la misma. La idea es que en nuestro país cada persona tiene la oportunidad de hacer consigo misma más de lo que está haciendo dentro de su propio ambiente, con sus propias destrezas, con su propia energía, y con sus propios amigos.

Russell H Conwell

Introducción

Amigos,

Estoy asombrado de que haya tanta gente que quiera escuchar esta historia de nuevo. En verdad, este discurso ha llegado a ser un estudio en sicología; hasta a veces rompe toda regla de oratoria, ignora los preceptos de la retórica, y sin embargo permanece siendo el discurso más popular que he entregado en los 57 años de mi vida al servicio público. A veces he estudiado un año preparándome para cierto discurso y haber hecho investigación cuidadoso, y después de presentar dicho discurso una sola vez, nunca más volverla a repetir. Es que me esforcé demasiado. Pero esto no tuvo ningún esfuerzo. Confeccionado al azar, presentado sin preparación formal y resulta exitoso cuando lo que preparamos, elaboramos con cuidado, ajustamos según un plan, pero aun así resulta un fracaso rotundo.

Aquellos 'Acres de diamantes' de los cuales he hablado tantos años han de ser encontrados en esta ciudad, y tú los encontrarás. Pues muchos ya los han encontrado. Y lo que el hombre ha hecho, el hombre puede hacer. No pude encontrar nada mejor para ilustrar mi pensamiento que una historia que he contado vez tras vez y que ahora se encuentra en libros en cualquier biblioteca.

Acres de diamantes

1

Cuando viajaba a lo largo de los ríos Tigris y Éufrates muchos años atrás con una cuadrilla de viajeros ingleses, me encontré bajo la dirección de un viejo guía turístico árabe a quien contratamos en Bagdad, y con frecuencia pensaba que ese guía árabe se parecía a nuestros peluqueros en ciertas características mentales. Él pensaba que su obligación no era solamente guiarnos a lo largo de esos ríos, y hacer el trabajo por el cual le estábamos pagando, sino también entretenernos con historias curiosas y raras, modernas y antiguas, extrañas y conocidas. Muchas de ellas he olvidado, y menos mal, pero hay una que nunca olvidaré.

El viejo guía estaba guiando mi camello por el bozal a lo largo de las orillas de esos antiguos ríos, y me contó historia tras historia hasta que me cansé de tantos cuentos que narró y paré de escucharle. Ese guía perdía los estribos cuando yo paraba de escucharle, y jamás me he irritado con él por eso. Pero yo recuerdo que él se quitó su gorro turco y lo giró en un círculo para llamar mi atención. Yo lo podía ver de reojo, pero estaba determinado a no verlo de frente porque temía que me fuera a contar otra historia. Pero aunque yo no soy mujer, finalmente lo miré, y tan pronto como lo hice, el comenzó a narrar otra historia.

Él dijo: «Ahora le voy a contar una historia que tengo reservada para mis amigos particulares.» Cuando él enfatizó las palabras «amigos particulares,» yo escuché, y siempre estaré contento de haberlo hecho. Yo realmente me siento sumamente agradecido de que 1,674 muchachos jóvenes hayan permanecido en la universidad gracias a esta historia, y ellos también están contentos de que yo haya escuchado.

El viejo guía me contó que una vez vivió, no muy lejos del río Indo, un ciudadano de la Antigua Persa llamándose Alí Hafed. Él me contó que Alí Hafed era dueño de una granja grande, que tenía huertos, campos de granos, y jardines; que él tenía dinero con intereses, y era un hombre rico y feliz. Él era feliz porque era rico, y era rico porque era feliz.

Un día un antiguo sacerdote budista, uno de los hombres sabios del Este, visitó al granjero persa. Él se sentó cerca del fuego y le dijo al viejo granjero cómo fue hecho este mundo nuestro. Él le dijo que este mundo fue una vez un simple montón de niebla, y que el Altísimo impulsó Su dedo en ese montón de niebla, y comenzó lentamente a mover el dedo alrededor, incrementando la velocidad hasta que al final él convirtió ese montón de niebla en una bola de fuego. Y luego fue rodando por el universo, quemando su camino a través de otros montones de niebla, y condensó la humedad en su exterior, hasta que cayeron torrentes de lluvia en su superficie caliente, y enfrió la capa exterior. Luego los fuegos internos estallaron hacia afuera a través de la capa, así edificando las montañas y los cerros, los valles y las planicies y las praderas de este maravilloso mundo nuestro. Si ésta fundida masa interna irrumpió y se enfrió muy rápido, se convertía en granito; si menos rápido se convertía en cobre, si menos rápido en plata, si menos rápido en oro, y, después del oro, los diamantes fueron hechos.

El viejo sacerdote dijo: «Un diamante es una gota congelada de luz solar.» El día de hoy sabemos que eso es verdad porque está comprobado científicamente que el diamante es efectivamente un depósito de carbón del sol. El viejo sacerdote le dijo a Alí Hafed que si él tuviera un diamante del tamaño de su dedo grande, podría comprar un condado, y si tuviera una mina de diamantes, él podría colocar a sus hijos en tronos por medio de la influencia de su gran riqueza.

Alí Hafed escuchó todo acerca de los diamantes, cuál era el valor de éstos, y esa noche se fue a su cama un hombre pobre. Él no había perdido nada, pero era un hombre pobre porque no era feliz, y era infeliz porque temía que era pobre. Él dijo: «Yo quiero una mina de diamantes,» y se quedó despierto toda la noche.

En la mañana él busco al sacerdote. Por experiencia propia yo sé que el sacerdote se enfada mucho si se le despierta muy temprano en la mañana, y cuando despertó a ese viejo sacerdote de sus sueños, Alí Hafed le dijo:

—¿Me podría decir dónde puedo encontrar diamantes?

—¡Diamantes! ¿Para qué quieres tú diamantes?

—Pues, porque yo deseo ser inmensamente rico.

—Bueno, pues entonces ve y encuéntralos. Eso es todo lo que tienes que hacer; ve y encuéntralos, y entonces los tendrás.

—Pero no sé a dónde ir.

—Bueno, si encuentras un río que corre a través de la arena blanca, entre montañas altas, tú encontrarás diamantes en la arena blanca.

—Yo no creo que haya ningún río tal.

—Oh sí, hay muchos. Todo lo que tienes que hacer es encontrarlos, y entonces los tendrás.

Alí Hafed le dijo: —Yo iré.

Así que él vendió su granja, juntó su dinero, dejó su familia bajo el cuidado de un vecino, y se fue lejos en busca de diamantes. Él inició su búsqueda, de manera apropiada, en mi opinión, en las Montañas de la Luna. Después se dio la vuelta por Palestina, luego prosiguió a Europa, y por último, cuando se había terminado su dinero y había quedado en andrajos, miseria y pobreza, él se paró a la orilla de la bahía en Barcelona, España, cuando una gran ola vino rodando entre los pilares de Hércules, el pobre, afligido, sufrido, moribundo hombre no pudo resistir la horrible tentación de lanzarse en la marea, y se hundió bajo la espumosa cresta marítima, y nunca volvió a la vida.

Cuando el viejo guía me terminó de contar esa horrible y triste historia, él detuvo el camello en el que yo iba montado y se fue a arreglar el equipaje que se caía de otro camello, y en ese momento yo tuve la oportunidad de reflexionar acerca de esa historia mientras él regresaba. Yo recuerdo que me dije a mí mismo: «¿Por qué él reserva esta historia para sus amigos particulares?» Parecía que no tuviera inicio, ni intermedio, ni final, nada de nada. Esa sería la primera historia que yo escuché en mi vida, y la primera que leí, en la cual el héroe fue asesinado en el primer capítulo. Yo sólo tenía un capítulo de la historia, y el héroe estaba muerto.

Cuando el guía regresó y tomó el bozal de mi camello, él siguió adelante con la historia, continuando con el segundo capítulo, como si no hubiese habido interrupción.

Un día, el hombre que compró la granja de Alí Hafed, llevó a su camello al jardín para que bebiera agua, y mientras el camello ponía su nariz en las aguas poco profundas del arrollo, el sucesor de Alí Hafed notó un curioso destello de luz en la arena blanca de la corriente. Él saco una piedra negra que tenía un destello de luz que reflejaba todos los tonos del arco iris. Él llevó la piedra para adentro de la casa, la puso en la repisa de la chimenea y se olvidó de ella.

Unos días después, el viejo sacerdote fue a visitar al sucesor de Alí Hafed, y en el momento que él abrió la puerta de ese salón, vio el destello de luz de sobre la repisa de la chimenea, corrió hacia éste, y gritó:

—¡Aquí hay un diamante! ¿Ya regresó Alí Hafed?

—Oh, no, Alí Hafed no ha regresado, y eso no es un diamante; eso no es más que una piedra que encontramos afuera en el jardín.

—Pero, —dijo el sacerdote—, te digo, yo reconozco un diamante cuando lo veo. Yo estoy seguro que ése es un diamante.

Luego salieron corriendo juntos al viejo jardín y movieron la arena blanca con sus dedos, ¡y he aquí! otras joyas más grandes y más valiosas que la primera.

«De esta manera», me dijo el guía, —y amigos oyentes, esto es históricamente cierto— «fue descubierta la mina de diamantes de Golconda, la mina de diamantes más magnífica en toda la historia de la humanidad, sobrepasando la mismísima Kimberly. Las joyas Kohinoor y Orloff de la corona de Inglaterra y Rusia, las más grandes del mundo, provinieron de esa mina».

Luego de que ese viejo guía árabe me narró el segundo capítulo de la historia, se quitó su gorro turco y lo hizo girar en el aire otra vez para que yo le pusiera atención a la moraleja. Esos guías árabes tienen moralejas para cada una de sus historias, aunque éstas no sean siempre morales. Mientras giraba su gorro él me dijo: «Si Alí Hafed hubiera permanecido en casa y hubiera cavado en su propio sótano, o debajo de sus propios campos de trigo, o en su propio jardín, en lugar de pasar miseria, hambre, y muerte por suicidio en una tierra extraña, él hubiera tenido 'acres de diamantes.' Porque en cada acre de esa vieja granja, sí, en cada palada, fueron descubiertas joyas que desde entonces han decorado las coronas de los monarcas».

Cuando él agregó la moraleja de la historia yo me di cuenta por qué él la reservaba para sus 'amigos particulares', pero yo no le dije que me daba cuenta. La mezquina manera de ese viejo árabe era parecida a la de un abogado, para decir indirectamente lo que no se atrevía a decirme en mi cara, que «es su humilde opinión, había cierto joven que en ese momento viajaba por el Río Tigris que podría estar mejor en su hogar – América.» Yo no le dije que me daba cuenta de eso, pero sí le dije que su historia traía a mi memoria una que yo sabía, y se la conté aprisa, y creo que te la voy a contar a ti.

Acres de diamantes

2

Yo le conté acerca de un hombre en California que era dueño de un rancho en el año de 1847. Él escuchó que habían descubierto oro en el Sur de California, y con una pasión por el oro, él vendió su rancho al coronel Sutter, y se fue lejos, para nunca volver. El coronel Sutter puso un molino sobre la corriente que fluía por la hacienda, y un día su pequeña niña trajo a la casa un poco de arena mojada del caz, y la cernió en medio de sus dedos delante del fuego, y en esa arena que caía, un visitante vio las primeras escamas del oro real que fue descubierto en California.

El hombre que había sido dueño de ese rancho había deseado tener oro, y podía haberlo tenido con el simple hecho de haberlo tomado. En efecto, desde entonces, treinta y ocho millones de dólares han sido sacados de unas pocas hectáreas. Aproximadamente ocho años atrás yo di esta conferencia en una ciudad que se encuentra en esa granja, y ellos me contaron que por años, un dueño de un tercio de la mina ha obtenido ciento veinte dólares en oro cada quince minutos, ya sea que esté dormido o despierto, y libre de impuestos. Tú y yo disfrutaríamos de un ingreso como ese – si no tuviéramos que pagar impuestos.

Pero realmente una mejor ilustración sucedió aquí mismo en nuestro estado de Pennsylvania. Si hay algo que yo disfruto más que nada cuando estoy en la plataforma es tener ante mí una de esas audiencias alemanas aquí en Pennsylvania, y lanzar este cuento hacia ellos, y lo disfruto esta noche.

Había un hombre viviendo en Pennsylvania que no era diferente a los pennsylvanos que ustedes han visto, que era dueño de una granja, y él hizo con su granja exactamente lo mismo que yo hubiera hecho si yo fuera dueño de una granja en Pennsylvania – la vendió.

Pero antes de venderla él decidió asegurar empleo de recolectar petróleo con uno de sus primos que estaba involucrado en los negocios en Canadá, lugar donde se descubrió el petróleo en este continente. En esa época temprana lo espumaban de las corrientes de agua. Así que este granjero de Pennsylvania le escribió a su primo pidiéndole empleo.

Miren amigos, este granjero no era del todo un hombre necio. No, él no era tonto. Él no dejó su granja hasta que no tenía asegurado algo más. Bajo el cielo donde las estrellas brillan, yo no conozco nada peor que el hombre que deja su trabajo antes de tener otro. Eso hace referencia especial a mi profesión, pero no tiene relación alguna con un hombre que está pidiendo el divorcio. Cuando él le escribió a su primo para pedir empleo, su primo contestó: «Yo no te puedo contratar porque tú no sabes nada acerca de los negocios de petróleo».

Bueno entonces, dijo el viejo granjero, «Yo lo sabré,» y con el más loable entusiasmo (característica de los estudiantes de la Temple University) él se dedicó a estudiar el tema por completo. El comenzó estudiando desde tiempos antiguos, desde el segundo día de la creación de Dios, cuando este mundo estaba cubierto densa y profundamente de rica vegetación que desde entonces se ha convertido en los primitivos lechos de carbón. Él estudió el tema hasta que descubrió que las corrientes de esos ricos lechos de carbón suministran el aceite de carbón que valió la pena bombear, y luego se enteró de cómo subió con las fuentes de aguas vivas. Él estudió hasta saber cómo era, cómo olía, qué sabor tenía, y cómo refinarlo. Ahora le dijo él en una carta que envió a su primo: «Yo entiendo el negocio del petróleo.» Y su primo le contestó, «Bien, entonces ven».

Así que él vendió su granja, según el registro del condado, la vendió por $833 (cantidad exacta sin centavos). Poco después de que él se marchó del lugar, el hombre que compró la granja salió para hacer arreglos del agua para ganado. Él se dio cuenta que el anterior dueño había salido años atrás y había puesto un tablón a través del arroyo en la parte posterior del granero. Éste estaba colocado en ángulo a unas pocas pulgadas de la superficie. El propósito de ese tablón en el ángulo agudo a través del arroyo era lanzar al otro lado una horrible escoria, ya que era la razón de que el ganado no metiera sus narices en el arroyo para beber agua. Pero con el tablón colocado ahí para tirarlo todo a un solo lado, el ganado podía beber agua en la parte inferior, así que el hombre que se había ido para Canadá, había estado represando por 23 años una gran cantidad de aceite de petróleo; el cual los geólogos estatales de Pennsylvania, nos declararon diez años después que el valor era de cientos de millones de dólares para el estado aún en aquel entonces, y cuatro años atrás nuestro geólogo declaró que el descubrimiento tenía un valor de mil millones de dólares para nuestro estado. El hombre que era dueño de ese territorio, en el cual se encuentra la ciudad de Titusville actualmente, y los valles de Pleasantville, había estudiado el tema desde el segundo día de la Creación de Dios hasta nuestros días. Él lo estudió hasta que supo todo acerca del tema, y sin embargo se dice que él vendió todo por un valor de $833, y de nuevo declaro: «Esto no tiene sentido».

Pero necesito otra ilustración. Esta es una historia que sucedió en Massachusetts, y que pena que sea así, porque ese es el estado de donde soy originario. Este hombre joven de Massachusetts proporciona otra fase de mi pensamiento. El asistió a la Universidad de Yale y estudió las minas y minerías, y se convirtió en un experto ingeniero de minas; y fue empleado por las autoridades de la universidad para entrenar a los estudiantes que estaban atrasados en sus clases. Durante su último año el ganó $15 a la semana por hacer ese trabajo. Cuando se graduó aumentaron su sueldo a $45 por semana, y le ofrecieron una cátedra, y tan pronto como se la ofrecieron, él se fue derecho a casa con su mamá.

Si hubieran aumentado el sueldo de ese muchacho de $15 a $15,60, él se hubiera quedado y hubiera estado orgulloso de ese puesto, pero cuando le aumentaron a

$45 de una sola vez, él dijo: «Madre, yo no trabajo por $45 a la semana. Qué ideas son esas de que un hombre con un cerebro como el mío va a trabajar por $45 a la semana. Vámonos para California a reivindicar minas de oro y plata, y seremos inmensamente ricos.»

Su madre le dijo: —Mira Charlie, ser feliz vale lo mismo que ser rico.

—Sí —dijo Charlie—, pero también vale lo mismo ser rico y feliz a la vez. Y ambos están en lo correcto. Siendo él, el único hijo, y ella una viuda, desde luego que él se quedaría con la suya. Siempre es así.

Ellos vendieron en Massachusetts, y en lugar de irse para California se fueron a Wisconsin, donde él consiguió un empleo como supervisor de una Compañía Minera de Cobre, ganando 15 dólares a la semana nuevamente, con la condición de que ganaría un interés si descubría alguna otra mina para la compañía. No creo que él haya descubierto alguna mina, y si estoy mirando la cara de alguno de los accionistas de esa mina de cobre, a usted le hubiera gustado que él descubriera aunque sea algo. Yo tengo amigos que no están aquí porque no tenían dinero para comprar el boleto; que tenían acciones en la compañía en el tiempo en el que el muchacho fue empleado de la compañía. Este muchacho se fue para allá y yo no he sabido nada de él. No sé qué fue de él, no sé si descubrió alguna mina, pero no creo que lo haya hecho.

Pero yo sí conozco la contraparte de la historia. Él

apenas había salido de la antigua hacienda cuando el nuevo dueño salió a desenterrar papas. Las papas ya estaban creciendo bajo la tierra cuando él compró la granja, y mientras que el viejo granjero estaba llevando para adentro la canasta de las papas, ésta resistió pasar por en medio de los extremos del cerco de piedra. Como ustedes saben, en Massachusetts casi todos los cercos son muros de piedra. Ahí, uno está obligado a ser muy económico en los portones delanteros para poder tener un lugar donde poner la piedra.

Cuando se dio cuenta que la canasta era demasiado grande, la puso en el suelo, y luego la arrastró por uno de los lados y la jaló por el otro lado, y mientras este granjero estaba arrastrando la canasta, notó en la esquina superior externa del cerco de piedra, justo al lado del portón, un bloque de plata nativa de ocho pulgadas al cuadrado. Ese profesor de minas y minería que sabía mucho del tema y que no trabajaba por 45 dólares por semana, cuando él vendió esa casa vieja en Massachusetts se sentó exactamente sobre esa plata para hacer el contrato. Él nació en esa propiedad, ahí creció, y había ido y venido frotando la piedra con su manga; hasta había reflejado su rostro, y parecía decir: «Aquí hay cien mil dólares, justo aquí abajo, sólo para que los tomes y los lleves.» Pero él no los tomó. Fue en una casa en Newburyport, Massachusetts, donde supuestamente no había plata, la plata supuestamente estaba lejos – bueno, yo no sé dónde, y él muchacho no lo sabía tampoco, pero pensó que la plata estaba en otro lado, y eso que él era un profesor de mineralogía.

3

Amigos, ese error se comete en todas partes del mundo. ¿Y por qué deberíamos tan siquiera sonreírle? Con frecuencia yo me pregunto: ¿Qué habrá sido de él? Yo no pretendo saberlo en absoluto, pero como buen Yanqui te diré lo que yo «imagino.» Yo pienso que esta noche él está sentado al amor de la lumbre rodeado de sus amigos, y les está diciendo algo parecido a lo siguiente:

—¿Conocen ustedes a ese hombre llamándose Conwell que vive en Fidadelfia?

—Ah sí, yo he escuchado hablar de él.

—¿Saben ustedes algo de alguien llamándose Jones que vive en Filadelfia?

—Ah sí, también he escuchado de él.

Y luego empieza a reír, y se le estremece la panza, y le dice a sus amigos: —Bueno, ellos han hecho exactamente lo que yo hice

Y eso echa a perder la broma, porque ustedes y yo hemos hecho exactamente lo que él hizo, y mientras estamos aquí sentados riéndonos de él, él tiene más derecho a sentarse dondequiera que se encuentre y reírse de nosotros. Yo sé que he cometido los mismos errores, pero, por supuesto, eso no tiene ninguna diferencia, porque nosotros no esperamos que el mismo hombre que da el sermón lo ponga en práctica.

Y cuando llego aquí esta noche y veo a la audiencia, yo veo otra vez lo que he visto continuamente en estos cincuenta años – hombres que están cometiendo exactamente el mismo error. Con frecuencia me gustaría poder ver a los jóvenes, y ojalá que esta noche la Academia estuviera llena de nuestros estudiantes de la escuela secundaria, y los de la primaria, para que pudiese hablarles a ellos. Mientras que hubiera preferido tener una audiencia como esa, porque son más susceptibles, ya que ellos no han desarrollado sus prejuicios como nosotros, no han llegado a tener ningún hábito que no puedan romper, y no se han enfrentado a ningún fracaso como nosotros lo hemos tenido que hacer; y mientras que podría tal vez beneficiar más a una audiencia como esa, que a una audiencia de gente madura, aun así haré lo mejor que pueda con el material con el que dispongo. Yo les digo a ustedes que tienen «Acres de Diamantes» aquí en Filadelfia donde ustedes viven. «Ah» pero ustedes dirán, «Tú no sabes nada de la ciudad si tú piensas que ahí hay "acres de diamantes"».

Yo estaba muy interesado en ese reporte del periódico acerca del joven que encontró un diamante en Carolina del Norte. Era uno de los diamantes más puros que jamás se haya descubierto, y tiene varios antecesores cerca de la misma localidad. Yo fui a un distinguido profesor de mineralogía y le pregunté de dónde pensaba él que provenían estos diamantes. El profesor obtuvo un mapa de la formación geológica de nuestro continente y lo localizó. Él dijo que era a través de los estratos carboníferos subyacentes adaptados para la producción de dichos diamantes, hacia el oeste a través de Ohio y Mississippi, o más probable que haya venido hacia el este a través de Virginia y subiendo la costa del Atlántico. Era un hecho que los diamantes se encontraban ahí, porque éstos habían sido descubiertos y vendidos; y que habían sido llevados ahí por la deriva continental, desde alguna localidad del norte. Y ahora, ¿quién sabe si alguien profundizando con su taladro en Filadelfia no encontrará algún indicio de una mina de diamantes aún debajo de aquí? ¡Ay amigos! Ustedes no pueden constatar que no están encima de una de las minas más grandes de diamantes en el mundo, pues un diamante como ese, sólo puede provenir de las minas más lucrativas que hay en la tierra.

Pero sirve como ilustración para mi pensamiento, el cual enfatizo diciendo, que si de hecho ustedes no tienen las minas de diamantes literales, ustedes tienen todo lo que les aprovecharían. Porque ahora que la Reina de Inglaterra ha dado el cumplido nunca antes dado a una mujer americana por su atuendo al no llevar ni una sola joya a la última recepción en Inglaterra, de todos modos, el uso de diamantes se ha eliminado casi por completo. Todo lo que les interesaría serían unos pocos que se pondrían para parecer una persona modesta, y el resto lo venderían por dinero.

Ahora bien, yo digo nuevamente que la oportunidad de volverse rico, de lograr una gran riqueza, está aquí en Filadelfia ahora, al alcance de casi todo hombre o mujer que se encuentra aquí esta noche, y lo digo en serio. No he venido a esta plataforma aún bajo estas circunstancias a recitar algo para ustedes. Yo he venido a decirles lo que a la vista de Dios pienso yo que es la verdad, y si todos estos años que he vivido han sido de algún valor para mí en alcanzar el sentido común, yo sé que estoy en lo cierto; que los hombres y mujeres sentados aquí, a quienes tal vez les resultaba difícil comprar un boleto para la conferencia o reunión de esta noche, tienen a su alcance «Acres de Diamantes», oportunidades para obtener una gran riqueza. No ha habido un lugar en esta tierra más adecuado que la ciudad de Filadelfia el día de hoy, y nunca en la historia del mundo, un hombre pobre sin capital ha tenido la oportunidad de volverse rico tan rápido y de manera honesta como hoy en nuestra ciudad. Yo digo la verdad, y quiero que lo acepten como tal; porque si piensan que yo he venido simplemente a recitar algo, entonces sería mejor que yo no estuviera aquí. Yo no tengo tiempo para perderlo en una conversación de esa clase, sino para decir las cosas que creo, y a menos que unos pocos de ustedes se vuelvan ricos con lo que estoy diciendo esta noche, entonces mi tiempo está perdido.

Yo digo que ustedes deberían volverse ricos, y es su deber volverse rico. Cuántos de mis piadosos hermanos me dicen: «¿Usted, un ministro cristiano, pasa su tiempo viajando de arriba para abajo en este país aconsejando a la gente joven a hacerse ricos, a obtener dinero?» «Claro, por supuesto que sí.» Ellos dicen: «¡No es eso terrible!

¿Por qué no predica el Evangelio en lugar de predicar acerca de que los hombres han de ganar dinero?» «Porque ganar dinero honestamente es predicar el Evangelio.» Esa es la razón. Los hombres que se vuelven ricos son tal vez los hombres más honestos que se pueden encontrar en una comunidad.

«Ah, pero…» me dicen algunos jóvenes aquí esta noche: «Me han dicho toda la vida que si una persona tiene dinero, ésta es deshonesta y deshonrosa, y mezquina y despreciable.» Amigo, esa es la razón por la cual usted no tiene nada, porque usted tiene esa idea de la gente. Los fundamentos de su fe son totalmente falsos. Permítanme decir algo muy clara y brevemente, aunque sujeto a discusión, la cual yo no tengo tiempo para hacer aquí, que noventa y ocho de cada cien de los hombre ricos americanos son honestos. Es por eso que ellos son ricos. Es por eso que a ellos se les ha confiado el dinero. Es por eso que ellos manejan grandes empresas y encuentran suficiente gente para que trabaje con ellos. Es porque ellos son hombres honestos.

Otro muchacho joven dice: «Yo he escuchado hablar de vez en cuando de hombres que llegan a tener millones de dólares de manera deshonesta». Sí, claro que ustedes han escuchado hablar de éstos, y yo también. Pero de hecho ellos son una cosa tan rara que hablan de ellos en el periódico todo el tiempo como una cuestión de noticias, hasta que ustedes se hacen de la idea de que todos los demás hombres ricos son deshonestos.

Amigo, tómame y condúceme – si tú provees el auto

– y me llevas a los suburbios de Filadelfia, y me presentas a las personas que son dueñas de sus casas en esta gran ciudad, esas hermosas casas con jardines y flores, esas magníficas casas tan hermosas en su arte, y yo te voy a presentar a las personas de mejor carácter, así como también a los mejores empresarios de nuestra ciudad, y tú sabes que lo haré. Un hombre no es realmente un verdadero hombre hasta que no es dueño de su propia casa, y esos que son dueños de su casa se hacen más honrosos, más honestos, más puros, más verdaderos, más económicos y cuidadosos, por ser dueños de su casa.

El hecho de que un hombre tenga dinero, incluso en grandes cantidades, no es una cosa inconsistente. Nosotros predicamos contra la codicia, y ustedes saben que lo hacemos, en el púlpito, y muchas veces lo hacemos por tanto tiempo y usamos los términos acerca de «ganancias deshonestas» a tal extremo que los cristianos se hacen de la idea de que cuando nos paramos en el púlpito nosotros creemos que cualquier hombre que tenga dinero es malvado – hasta que pasan la canasta de la ofrenda, y entonces casi maldecimos a las personas porque no dan más dinero. Ay, ¡la inconsistencia de una doctrina como esa!

El dinero es poder, y ustedes deberían ser razonablemente ambiciosos de tenerlo. Ustedes deben, porque ustedes pueden hacer más bien con éste, que sin éste. El dinero hizo que tu Biblia fuera impresa, con el dinero se construyeron sus iglesias, con dinero se mandan a sus misioneros, y con dinero se les paga a sus predicadores, y no tendrían muchos de ellos si no les pagaran. Yo siempre estoy dispuesto a que mi iglesia me aumente el sueldo, porque la iglesia que paga el salario más alto siempre lo aumenta más fácilmente. Esto es tan seguro, que jamás han conocido una excepción en toda la vida. El hombre que obtiene el salario más alto siempre puede hacer el mayor bien con el poder que le es dado a él. Claro que es así, si su espíritu está recto, dispuesto a usarlo para lo que le ha sido dado.

Yo digo, entonces, que ustedes deben tener dinero. Si pueden de manera honesta obtener riquezas en Filadelfia, es su deber cristiano y santo hacerlo. Es un terrible error de esta gente piadosa pensar que ustedes deben ser horriblemente pobres para ser piadosos.

Algunos hombres me dicen: «¿No simpatiza usted con la gente pobre?» Por supuesto que sí, si no fuera así, no hubiera estado dando conferencias todos estos años. No voy a transigir en que simpatizo con la gente pobre, pero la cantidad de personas pobres con las que se puede simpatizar es muy poca. Simpatizar con un hombre a quien Dios ha castigado por los pecados que ha cometido, en consecuencia ayudarlo mientras Dios aún continua dándole un castigo justo, es hacer lo incorrecto, de eso no hay duda, y nosotros ayudamos con más frecuencia a éstos, en lugar de ayudar a aquel que realmente lo merece. Mientras que deberíamos simpatizar con los pobres de Dios – es decir, esos que no pueden ayudarse a sí mismos – recordemos que no hay ni una sola persona pobre en Los Estados Unidos que no haya sido hecha pobre por su propia deficiencia, o por las deficiencias de alguien más. De todos modos, es del todo malo ser pobre. Olvidemos este argumento y pasemos a otro tema.

Un caballero en la parte de atrás se levanta y dice: «¿No cree usted que hay otras cosas en este mundo que son mejores que el dinero?» Por supuesto que sí, pero en estos momentos yo estoy hablando de dinero. Por supuesto que hay otras cosas de más alto valor que el dinero. Oh sí, yo sé esto gracias a la muerte que me dejó solo en este mundo, que hay cosas en este mundo que son de más alto valor, más dulces, y más puras que el dinero. Yo sé muy bien que hay algunas cosas que son más altas y grandiosas que el oro. El amor es la cosa más grandiosa en esta tierra de Dios, pero afortunado es el que ama y tiene suficiente dinero. El dinero es poder, el dinero es una fuerza, el dinero puede hacer tanto el bien como el mal. En las manos de hombres y mujeres buenas podría lograr y ha logrado hacer el bien.

No me gusta dejar eso atrás. Yo escuché a un hombre que se levantó en una reunión de oración en nuestra ciudad, y dio gracias al Señor por ser «uno de los pobres de Dios.» Bueno, yo me pregunto qué piensa su esposa de esto. Ella es quien gana el dinero y lo trae al hogar, y él se fuma parte de ese dinero en el porche. Yo no quiero ver más esa clase de pobres de Dios, y creo que Dios tampoco. Y aun así hay algunas personas que piensan que para ser piadosos tienen que ser muy pobres o muy sucios. Eso no tiene ningún sentido. Simpaticemos con los pobres pero no enseñemos una doctrina como esa.

Sin embargo, nuestra época está predispuesta en

contra de aconsejar a un hombre cristiano (o, como diría un judío, «un varón de Dios») a alcanzar riqueza. El prejuicio es tan universal, y ha sido así desde muchos años, pienso yo, para poder decir que muchos años atrás en la Universidad Temple había un muchacho en nuestra escuela de teología que pensaba que él era el único estudiante piadoso de ese departamento. Él vino a mi oficina una tarde y se sentó cerca de mi escritorio, y me dijo:

—Señor Presidente, yo pienso que es mi deber señor, venir a razonar con usted.

—¿Qué ha ocurrido?

Dijo él, —Le escuché decir en la Academia, durante la entrega de diplomas de la escuela Peirce, que usted pensaba que el deseo de un hombre joven por adquirir riqueza era una ambición honorable; que usted pensaba que eso lo convertía en un hombre de buen carácter, y deseoso de tener un buen nombre, y lo hacía laborioso. Usted dijo que la ambición de los hombres de tener dinero les ayudaba a ser mejores hombres. Señor, yo le vengo a decir que la Santa Biblia dice que "el dinero es la raíz de todo mal".

Yo le contesté que yo nunca había visto eso en la Biblia, y lo aconsejé que fuera a la capilla, trajera la Biblia, y me mostrara dónde estaba ese pasaje. Así que él fue por la Biblia, y pronto vino a mi oficina muy seguro de sí mismo con la Biblia abierta y todo el orgullo fanático de un estrecho sectarismo o de uno que funda su cristianismo de alguna tergiversación de las Escrituras. Él lanzó la Biblia sobre mi escritorio, y prácticamente me chilló al oído:

—Aquí la tiene señor Presidente, usted la puede leer por usted mismo.

Yo le dije: —Bueno muchacho, cuando crezcas un poco más, tú aprenderás que no puedes confiar que una denominación lea la Biblia por ti. Tú perteneces a una denominación distinta. Sin embargo, a ti te han enseñado en la escuela teológica, que el énfasis es exégesis. Ahora bien, ¿vas a tomar la Biblia, la vas a leer tú mismo y darle el énfasis apropiado?

Él tomó la Biblia, y con orgullo la leyó, «El amor al dinero es la raíz de todos los males».

Entonces él estaba en lo cierto, y cuando alguien cita correctamente del mismo Libro, la cita es absolutamente cierta. Y yo he vivido cincuenta años de la batalla más poderosa que ese Antiguo Libro ha tenido que pelear, y yo he vivido para ver sus banderas ondear libremente; porque nunca en la historia de este mundo las grandes mentes del universo han estado tan universalmente de acuerdo que la Biblia es verdadera – completamente verdadera – como lo creen en este mismo instante.

Así que cuando digo que su cita era correcta, por supuesto que él citó la verdad absoluta. «El amor al dinero es la raíz de todos los males.» Todo aquel que trata de obtenerlo de manera rápida, o deshonesta, caerá en muchas trampas, de eso no hay duda. El amor al dinero. ¿Qué es eso? Es hacer del dinero un ídolo, y la idolatría pura y simple es en todas partes condenada por Las Santas Escrituras y por el sentido común del hombre. El hombre que adora el dinero en lugar de pensar en el propósito para el cual debe ser usado, el hombre que idolatra el simple dinero, el avaro que acumula dinero en el sótano, o lo esconde en sus calcetines, o rehúsa invertirlo donde éste va a hacer bien al mundo, ese hombre que aprieta el dólar hasta que el águila que está dibujada en dicho dólar chilla, tiene en él la raíz de todos los males.

Acres de diamantes

4

Creo que dejaré atrás esto y voy a contestar la pregunta que casi todos ustedes están preguntando, «¿Hay oportunidad de hacerse rico en Filadelfia?» Bueno, pues, ver donde está es algo muy simple, y en el instante que ves donde está, es tuya.

Un hombre que esta sentado atrás se levanta y dice: —Señor Conwell, usted ha vivido en Filadelfia por 31 años y no sabe que el tiempo en el que se podía ganar algo de dinero en esta ciudad ya ha pasado?

—No, yo no creo que así sea.

—Sí, así es, yo lo he intentado.

—¿En qué clase de negocios está usted involucrado?

—Yo he mantenido una tienda por veinte años y nunca he ganado más de mil dólares en estos veinte años.

—Bueno, entonces, usted puede medir lo bueno que ha sido usted para esta ciudad, por lo que esta ciudad le ha pagado, porque por lo que recibe, un hombre puede juzgar muy bien lo que él vale; es decir, lo que él significa para el mundo en este momento. Si en veinte años usted no ha ganado más de mil dólares en Filadelfia, a Filadelfia le hubiera convenido más haberlo sacado de la ciudad diecinueve años y nueve meses atrás. Un hombre no tiene el derecho de mantener una tienda en Filadelfia por veinte años y no ganar por lo menos quinientos mil dólares, aunque se trate de una tienda de comestibles en una esquina de una zona residencial.

Tú dices, —En estos tiempos no se puede ganar cinco mil dólares en una tienda.

Oh, mis amigos, si solamente dieran una vuelta alrededor de cuatro cuadras y averiguaran lo que la gente quiere y qué ustedes deberían suplir, lo apuntaran con su lápiz, y calcularan las ganancias que tendrían si ustedes los abastecieran, entonces se darían cuenta de la verdad. Hay riqueza dentro del alcance de su voz.

Alguien dice: «Usted no sabe nada de negocios. Un predicador nunca sabe nada de negocios.» Bien, entonces, yo tendré que probar que soy un experto. A mí no me gusta hacer esto, pero lo tengo que hacer porque mi testimonio no será aceptado si yo no soy un experto. Mi padre tenía una tienda en el campo, y si hay un lugar en este mundo donde el hombre obtiene todo tipo de experiencias en toda clase de transacciones mercantiles, es en una tienda en el campo. Yo no estoy orgulloso de mi experiencia, pero en ocasiones cuando mi padre estaba ausente me dejaba a cargo de la tienda, aunque afortunadamente para él, esto no ocurría con frecuencia. Pero esto sí ocurrió muchas veces, amigos: un hombre venía a la tienda y me decía,

—¿Tiene navajas?

—No, nosotros no vendemos navajas. —Y yo me daba la vuelta y me ponía a silbar. ¿De todos modos, por qué debía de importarme ese hombre?

Entonces otro hombre venía y me decía: —¿Tiene navajas?

—No, nosotros no vendemos navajas. —Y me hacía el loco silbando una tonada diferente.

Luego un tercer hombre entraba por la misma puerta y me decía: —¿Tiene navajas?

—No. ¿Porqué es que todo el mundo por aquí anda preguntando por navajas? ¿Piensan que nosotros tenemos esta tienda para suplir al vecindario completo de navajas?

¿Acaso tú haces funcionar tu tienda así en Filadelfia? El problema fue que en ese tiempo yo no había aprendido que el fundamento de la santidad y el principio fundamental del éxito en los negocios son exactamente lo mismo. El hombre que dice, «Yo no puedo mezclar mi religión con mis negocios» se da a conocer a sí mismo ya sea como un imbécil en los negocios, o como alguien que está en camino a la quiebra, o un ladrón; por seguro uno de éstos tres. Él fracasará en pocos años. Ciertamente él fracasará si no mezcla su religión con los negocios. Si yo hubiera estado atendiendo el negocio de mi padre según un plan cristiano o un plan divino, yo hubiera tenido una navaja para el tercer hombre cuando éste la solicitara.

Entonces yo le habría hecho a él un favor, y yo mismo hubiera recibido una recompensa, lo cual hubiese sido mi deber aceptar.

Hay algunas personas cristianas que se pasan de piadosas y quienes piensan que si tú sacas algo de ganancia en algo que tú vendes, eres un hombre inicuo. Por otro lado, tú serías un criminal si vendieras productos por menos de lo que cuestan. Tú no tienes derecho de hacer eso. Tú no puedes confiar tu dinero a un hombre que no cuida de su propia familia. Tú no puedes confiar en un hombre que es miembro de tu familia que no es fiel a su propia esposa. En este mundo tú no puedes confiar en un hombre que no comienza con su propio corazón, su propio carácter, y su propia vida. Hubiese sido mi deber proporcionarle una navaja al tercer hombre que preguntó por ésta, o al segundo, y vendérsela, y de esa manera tener ganancia para mí mismo. Así como no tengo el derecho de cobrarle deshonestamente un precio más allá de lo que valen los bienes, tampoco tengo el derecho de vender bienes y no obtener una ganancia de éstos. Pero debería así vender cada factura de mercancía para que la persona a quien le vendo gane por lo menos lo que yo gano.

Vivir y dejar vivir es el principio del evangelio, y el principio del cotidiano sentido común. Oh, joven, escúchame bien; vive mientras andas por aquí. No esperes hasta que tú hayas alcanzado mi edad para comenzar a disfrutar algo de la vida. Si tuviera de nuevo los millones, o cincuenta centavos de ellos, que he tratado de ganar estos años, no me harían tanto bien como el bien que me hace ahora, en esta casi sagrada presencia de esta noche. Oh, sí, ya se me ha pagado esta noche cientos y cientos de veces por compartir, como lo he tratado de hacer en cierto punto a medida que avanzaron los años. Yo no debería hablar así, suena egoísta, pero soy suficientemente viejo como para ser perdonado por ello. Yo debía haber ayudado a mis semejantes, lo cual he tratado de hacer, y lo que todos deberíamos tratar de hacer, y estar contentos por haberlo hecho. El hombre que se va para su casa con la sensación de que ese día él ha robado un dólar, que ha robado a un hombre lo que le correspondía, no va a descansar bien. Él se levanta cansado en la mañana, y se va a su trabajo con la consciencia sucia el siguiente día. Él no es un hombre exitoso en absoluto, aunque él haya guardado millones. Pero el hombre que ha ido por la vida siempre compartiendo con sus semejantes, haciendo y exigiendo siempre sus derechos y sus ganancias, y dando a cada hombre sus derechos y ganancias, vive bien todos los días, y no solamente eso, sino va en camino a una gran riqueza. La historia de los miles de millonarios demuestra que eso es cierto.

El hombre que dijo que no ganaba nada en su tienda en Filadelfia ha estado manejando su tienda con un principio erróneo. Supongamos que yo entro a tu tienda mañana temprano y pregunto

—¿Conoces tú al vecino fulano que vive a una cuadra de aquí, en la casa número 1240?

—Oh sí, yo lo conozco. Él es un cliente de la tienda de la esquina.

—¿De dónde vino?

—Yo no sé.

—¿Cuántos miembros tiene en su familia?

—No sé.

—¿Por cuál partido político vota?

—Yo no sé.

—¿A qué iglesia asiste?

—Yo no sé ni me interesa. ¿Por qué hace usted todas esas preguntas?

¿Si tú tuvieras una tienda en Filadelfia me contestarías de esa manera? Si es así, entonces tú estás manejado tu negocio de la misma manera que yo manejé el negocio de mi padre en Worthington, Massachusetts. Tú no sabes de dónde vino tu vecino cuando llegó a vivir a Filadelfia, ni te importa. Si te hubiera importado, ya serías un hombre rico. Si te hubieras preocupado por él lo suficiente como para interesarte en sus asuntos, para enterarte de lo que él necesitaba, ya te habrías hecho rico. Pero tú andas por el mundo diciendo que «no hay oportunidades para hacerte rico» cuando la culpa está exactamente frente a tus narices.

Pero otro muchacho joven se levanta y dice: —Yo no puedo emprender un negocio mercantil —(a pesar de que hablo de comercio, se aplica a cada profesión).

—¿Por qué no puedes entrar al negocio mercantil?

—Porque no tengo nada de capital.

Oh, ¡qué criatura débil e inútil que no puede ver más allá de sus narices. Uno se siente impotente cuando ve a estos muchachos parados en las esquinas diciendo:

—Oh, ¡qué tan rico podría ser si tuviera suficiente capital! Joven, ¿Tú piensas que teniendo capital te vas a volver rico?

—Ciertamente.

Bueno, yo digo, —Ciertamente no. Si tu madre tiene suficiente capital y está dispuesta a ponerte a andar un negocio, tú le darás a ella el negocio de proveerte capital para siempre.

En el momento en que un joven o una señorita recibe más dinero de lo que él o ella ha aprendido a manejar por experiencia práctica, en ese momento recibe una maldición. No es bueno dejar dinero de herencia a un joven o una señorita. Dejar dinero a los niños no es bueno, pero si les dejas educación, si les dejas un carácter noble y cristiano, si le dejas un amplio círculo de amigos, si les dejas un nombre honroso, es mucho mejor para ellos que si les dejas dinero. Tener dinero es lo peor tanto para ellos como para la nación. Oh, joven, si tú has heredado dinero, no lo consideres como una ayuda. Será una maldición a través de los años, y te privará de lo mejor de la vida humana. No hay ninguna otra clase de gente por la cual se deba sentir más compasión que por los hijos e hijas de los hombres ricos de nuestra generación. Yo compadezco al hijo del rico. Él nunca podrá conocer las mejores cosas de la vida.

Una de las mejores cosas en nuestra vida es cuando un hombre joven ha ganado su propio sustento, y cuando se compromete con una encantadora muchacha, y se propone tener su propio hogar. Entonces, con ese amor viene también una inspiración divina hacia las cosas buenas, y comienza a ahorrar su propio dinero. Él comienza a dejar sus antiguos malos hábitos y guardar dinero en el banco. Cuando él tiene unos cientos de dólares, sale a los suburbios en busca de un hogar. Él se va al banco de ahorros, quizás, por la mitad del valor, y luego va por su esposa, y cuando él lleva por primera vez a su novia al umbral de esa puerta, él declara con palabras elocuentes algo que mi voz nunca podría imitar; «Yo he obtenido esta casa por mis propios esfuerzos. Es toda mía, y la comparto contigo.» Ese es el momento más grandioso que un corazón humano pueda experimentar.

Pero el hijo de un hombre rico nunca podrá experimentar eso. Puede que él lleve a su novia a una mansión más lujosa, pero él está obligado a pasar por todo el interior de la casa y decirle a su esposa, «Mi madre me dio esto, mi madre me dio lo otro, mi madre de dio esto,» al punto de que su esposa quisiera haberse casado con su madre. Yo siento pena por el hijo del hombre rico.

Las estadísticas de Massachusetts muestran que ni siquiera uno de cada diecisiete hijos de hombres ricos, muere rico. Yo siento pena por el hijo del hombre rico, al menos que ellos tengan un buen sentido como el del anciano Vanderbilt, lo cual sucede en ocasiones. Él fue con su padre y le dijo:

—¿Tú ganaste todo el dinero que tienes?

—Sí hijo mío, yo comencé trabajando en un transbordador por 25 centavos al día.

—Entonces —dijo el hijo—, Yo no quiero nada de tu dinero, —y también él trató de conseguir trabajo en un transbordador ese sábado en la noche. Él no pudo conseguir empleo ahí, pero sí consiguió un puesto ganando tres dólares a la semana.

Por supuesto, si el hijo del hombre rico hiciera eso, él tendría la disciplina de un niño pobre que vale más que la educación universitaria de cualquier hombre. Él entonces tendría la capacidad de cuidar los millones de su padre.

Pero como regla general, el hombre rico no deja que sus hijos hagan lo mismísimo que los hizo a ellos grandes. Como regla general, el hombre rico no permite que su hijo trabaje – ¡y su madre! Bueno, pues, ella piensa que sería una vergüenza social si su niño pobre, débil, de dedos pequeños y tiernos, tipo afeminado tuviera que ganarse la vida con un trabajo honrado. No siento ninguna compasión por hijos de hombres ricos como tales.

Yo recuerdo uno en las Cataratas del Niágara. Mejor dicho, creo que recuerdo uno mucho más cerca. Yo creo que hay caballeros presentes que estaban en un gran banquete, y pido que sus amigos me perdonen. En el banquete aquí en Filadelfia se sentó a mi lado un joven de buen corazón, y me dijo:

—Señor Conwell, usted ha estado enfermo por dos o tres años. Cuando usted salga, tome mi limosina, y lo llevará a su casa en la calle Broad.

Yo le agradecí mucho, y tal vez no debería de mencionar el incidente de esta manera, pero yo me baso en los hechos. Afuera, me subí en el asiento al lado del chofer de la limosina, y cuando íbamos de subida le pregunté al chofer:

—Cuánto costó esta limosina?

—Seis mil ochocientos, además de tener que pagar los aranceles.

—Bueno —le dije—, ¿el dueño de la limosina conduce alguna vez?

Y el chofer se rió a carcajadas al oír mi pregunta al punto que perdió el control de la máquina. Él estaba tan sorprendido de la pregunta que manejó sobre la acera, y pasando más allá del poste de luz de la esquina, bajó nuevamente a la calle. Y cuando bajó nuevamente a la calle se rió hasta que toda la máquina tembló, y dijo: —Él, ¿manejar esta máquina? Él tendría suerte si supiera lo suficiente como para salir cuando nosotros lleguemos.

Les tengo que contar acerca de este hijo de un hombre rico en Las Cataratas de Niágara. Yo venía de la conferencia para el hotel, y mientras me acercaba al escritorio del recepcionista vi parado al hijo de un millonario de Nueva York. Él era un espécimen indescriptible de potencia antropológica. Él tenía un gorro en un lado de su cabeza, con una borla color oro sobre éste, y un bastón con mango de oro bajo su brazo, el cual tenía más que él tenía en la cabeza. Es muy difícil describir a este joven. Él usaba un lente a través del cual no podía ver, botas de charol con las cuales no podía caminar, y pantalones con los cuales no se podía sentar – vestía como saltamontes. Este grillo humano llegó al escritorio del recepcionista justo cuando yo iba entrando, se ajustó su lente no vidente y habló de esta manera al recepcionista. Pues, él creía que la forma inglesa de hablar era con cierto ceceo.

—Señor, ¿tendría usted la amabilidad de proporcionarme papel y sobres?

—El empleado del hotel, analizó rápidamente al hombre, sacó de la gaveta el papel y los sobres y los aventó hacia el otro lado del mostrador en dirección al joven, y se dio la vuelta para seguir viendo sus libros.

Ustedes hubieran visto la cara del joven cuando vio venir esos sobres sobre el mostrador. Se infló como un pavo, ajustó su gafa no vidente, y gritó: —Ven acá ahora mismo. Señor, ahora vas a ordenar a un sirviente que lleve ese papel y esos sobres a aquel escritorio.

¡Ay, ese pobre miserable y despreciable mono americano! No podía llevar por sí mismo el papel y los sobres unos veinte pies. Yo supongo que no podía bajar sus brazos para hacerlo. Yo no siento ninguna compasión por tales burlas a la naturaleza humana. Joven, si tú no tienes capital, yo me alegro de eso. Lo que necesitas es sentido común, no monedas de cobre.

Lo mejor que puedo hacer es ilustrar con hechos que todos ustedes conocen muy bien. A.T. Stewart, un niño pobre en Nueva York, tenía $1.50 para comenzar su vida. Él perdió ochenta y siete centavos y medio del total en su primer proyecto. ¡Cuán afortunado es el joven que pierda la primera vez que juega! Ese muchacho dijo: «Nunca jugaré de nuevo en el negocio,» y él nunca lo hizo. ¿Cómo sucedió que él perdió ochenta y siete centavos y medio? Todos ustedes probablemente saben la historia de cómo los perdió – porque él compró unas agujas, hilo y botones para vender, las cuales la gente no quería, y él se quedó con todo en las manos, una pérdida completa. El muchacho dijo: «Yo no voy a perder más dinero de esa manera.» Y entonces primero fue de puerta en puerta y le preguntó a la gente qué era lo que ellos querían. Y luego cuando había descubierto lo que ellos querían, invirtió sus sesenta y dos centavos y medio para suplir la ya conocida demanda. Estudia esto dondequiera que elijas – en negocios, en tu profesión, en tu aseo de tu casa, sea cual sea tu vida, esa cosa sola es el secreto del éxito. Primero debes conocer la demanda. Primero debes saber qué es lo que la gente necesita, y luego invierte donde se te necesite más. A.T. Stewart se basó en ese principio hasta que llegó a tener un valor de cuarenta millones de dólares, siendo el propietario de la mismísima tienda en la cual el Sr. Wanamaker actualmente lleva a cabo su gran labor en Nueva York. Su fortuna fue hecha con la pérdida de algo, lo que le enseñó la gran lección de que él sólo debe invertir él mismo o su capital en algo que la gente necesite. ¿Vendedores, cuándo van a aprender ustedes esto? Ustedes fabricantes, ¿Cuándo van a aprender que para tener éxito en la vida deben conocer las necesidades cambiantes de la humanidad? Aplíquense, gente cristiana, bien sean fabricantes o comerciantes, o trabajadores, a suplir lo que la gente necesita. Es un gran principio tan amplio como la humanidad y tan profundo como la Escritura misma.

La mejor ilustración que he escuchado fue de John Jacob Astor. Ustedes saben que él ganó el dinero de la familia Astor cuando vivió en Nueva York. Él vino por vía marítima y debiendo su boleto. Pero ese pobre muchacho que no tenía nada en su bolsillo ganó la fortuna de la familia Astor basándose en un principio. Algunos hombres jóvenes dirán, «Bueno, ellos pudieron ganar esas fortuna en Nueva York, pero no podrían hacerlo en Filadelfia!» Amigos, han leído alguna vez ese maravilloso libro de Riis (su memoria está fresca para nosotros a causa de su muerte reciente) en la que se da su reporte estadístico de los registros tomados en 1889 de 107 millonarios de Nueva York. Si leen el reporte, verán que de los 107 millonarios, solamente 7 hicieron su fortuna en Nueva York. De los 107 millonarios valorados en 10 millones de dólares en bienes raíces en aquel entonces, 67 de ellos ganaron su dinero en pueblos con menos de 3.500 habitantes. Hoy en día el hombre más rico del país, si ustedes leen los valores de bienes raíces, nunca se ha mudado de un pueblo de 3.500 habitantes. La diferencia no es donde estás, sino quién eres tú. Pero si tú no puedes enriquecerte en Filadelfia, tampoco puedes hacerlo en Nueva York.

Ahora, John Jacob Astor ilustró lo que se puede hacer en cualquier lugar. Una vez él tenía una hipoteca en una tienda de sombreros para damas, y ellos no podían vender suficientes gorras para poder pagar el interés de su dinero. Así que él embargó esa hipoteca, tomó posesión de la tienda, y se asoció con esa misma gente, en la misma tienda, con el mismo capital. Él no les dio a ellos ni un dólar del capital. Ellos tuvieron que vender productos para conseguir el dinero. Y luego él los dejó solos en la tienda, tal y como habían estado antes, y él se salió y se sentó en la sombra en un banquito en el parque. ¿Qué estaba haciendo John Jacob Astor ahí, y en sociedad con la misma gente que había fracasado, todo a sus propias expensas? Él tenía lo más importante, y en mi opinión, la parte más placentera de la sociedad en sus manos. Porque mientras John Jacob Astor se sentó en ese banquito, él estaba viendo a las damas que pasaban por ahí; y ¿dónde está el hombre que no se haría rico en ese negocio? Mientras él estaba sentado en el banquito, si una dama pasaba con sus hombros hacia atrás y la cabeza en alto y miraba directamente al frente, como si no le importara que todo el mundo se le quedara mirando, entonces estudiaba su gorra, y para cuando ella estaba fuera de vista, él ya sabía la forma del marco, el color de los adornos y las arrugas de las plumas.

A veces yo trato de describir una gorra, pero no siempre. Yo no trataría de describir una gorra moderna. ¿Hay algún hombre que pueda describir una? Este conglomerado de todo tipo de trozos de madera flotante pegados en la parte posterior de la cabeza, o al lado del cuello, como un gallo al cual le queda una sola pluma en la cola. Pero en la generación de John Jacob Astor, había un arte en el negocio de los sombreros, y él fue a la tienda donde vendían sombreros y les dijo: «Ahora pongan en la vitrina solamente la gorra que les voy a describir, porque ya he visto a una dama que le gusta tal gorra. No hagan ningún otra hasta que yo regrese.» Entonces salió y se sentó nuevamente, y otra dama con diferente forma pasó frente a él, con tez diferente, con una gorra de diferente forma y color. «Ahora» dijo él, «pongan una gorra como esa en la vitrina.» Él no llenó su vitrina en el centro de la ciudad con muchos sombreros y gorras para ahuyentar a la gente, y luego sentarse en la escalera de atrás a llorar porque la gente se fue a Wanamaker a hacer negocio. Él no tenía en esa vitrina un sombrero o una gorra que haya sido hecho si no había antes una dama que lo había preferido.

La ola de clientes inmediatamente empezó a llegar, y esa ha sido la base de la fundación del más grandioso negocio de su clase en Nueva York, y todavía existe como una de las tres tiendas. Su fortuna fue hecha por John Jacob Astor, después de que ellos hubiesen fracasado en el negocio, no dándoles más dinero, sino descubriendo lo que las mujeres preferían en cuanto a gorras, antes de desperdiciar más material haciendo algo que no se iba a vender. Yo les digo, si un hombre puede prever el futuro del negocio de los sombreros de dama, él puede prever cualquier cosa bajo el cielo.

Supongamos que yo caminara en esta audiencia esta noche y les preguntara si hay oportunidad de volverse rico en el negocio de la fabricación en esta gran ciudad manufacturera. «Oh, sí,» dice un muchacho joven, «todavía hay oportunidades si usted construye con un poco de crédito y si cuenta con un capital de dos o tres millones de dólares.» Joven, la historia de la ruptura de los monopolios por ese ataque hacia los «grandes negocios» solamente está ilustrando lo que es ahora la oportunidad para un negocio pequeño. Nunca en la historia del mundo se había visto que el hombre pudiera volverse rico tan rápidamente manufacturando sin capital como se está viendo hoy en día.

Pero tú dirás, «Uno no puede hacer nada parecido. Uno no puede comenzar nada sin un capital.» Joven, déjame hacer una ilustración por un momento. Yo tengo que hacerlo. Es mi deber hacia cada hombre y mujer joven, porque todos vamos a empezar un negocio muy pronto en el mismo plan. Joven, recuerda que si usted sabe lo que la gente necesita, usted han adquirido más conocimiento de una fortuna que cualquier cantidad de capital pudiera darles.

Había un hombre pobre sin trabajo viviendo en Hingman, Massachusetts. Él holgazaneaba en su casa hasta que un día su esposa le dijo que saliera a trabajar, y, como vivía en Massachusetts, él obedeció a su esposa. Él salió y se sentó a la orilla de la bahía, y talló una tablilla mojada en una cadena de madera. Esa noche sus hijos se pelearon por ésta, así que él talló una segunda para mantener la paz. Mientras él estaba tallando la segunda, un vecino vino y le dijo:

—¿Por qué no tallas juguetes y los vendes? Podrías ganar dinero haciendo eso.

—Oh, —dijo él—, Yo no sabría qué hacer.

—¿Por qué no les preguntas a los niños en tu propia casa qué podrías hacer?

—¿De qué sirve intentar eso? —dijo el carpintero—. Mis hijos son diferentes a los hijos de otra gente.

(Solía ver gente así cuando enseñaba en la escuela.) Pero él actuó sobre un indicio, y la mañana siguiente cuando Mary bajó las gradas, él le preguntó:

—¿Qué es lo que quieres de juguete?

Ella comenzó a decirle que le gustaría una cama de muñeca, un lavamanos de muñeca, un carruaje para muñeca, una sombrilla pequeña para muñeca, y continuó con una lista de cosas que le tomaría a él toda una vida para proveer. Así que, consultando con sus propios hijos, en su propia casa, él tomó la leña, porque no tenía dinero para comprar madera, y talló esos fuertes juguetes Hingham sin pintar, que fueron durante muchos años conocidos alrededor del mundo. Ese hombre comenzó a hacer esos juguetes para sus propios hijos, y luego hizo réplicas y las vendió en la zapatería de al lado. Él comenzó a ganar un poquito de dinero, y luego un poco más, y el señor Lawson, en su Frenzied Finance dice que ese hombre es el hombre más rico en el antiguo Massachusetts, y yo pienso que eso es verdad. Y ese hombre tiene un valor de cien millones de dólares en la actualidad, y solamente le ha costado treinta y cuatro años ganándoselo sobre ese principio – que uno tiene que calcular que a los niños de otra gente les gustaría en casa las mismas cosas que a sus propios niños les gusta en casa; conocer el corazón humano por sí mismo, o por medio de la esposa o nuestros hijos, es el verdadero camino al éxito en la industria manufacturera.

—Oh, pero —tú dices—, ¿No tenía él ningún capital?

—Sí, una navaja, pero yo no sé si la hubiese comprado.

5

Yo hablé así ante una audiencia en New Britain, Connecticut, y una dama que estaba sentada cuatro asientos hacia atrás, se fue para su casa y trató de desabotonarse el cuello, y el botón del collar se quedó estancado en el ojal. Ella lo tiró y dijo:

—Yo voy a conseguir algo mejor que eso para poner en los cuellos.

Su esposo le dijo: —Después de lo que Conwell dijo esta noche, tú ves que hay una necesidad para mejorar el cierre de los cuellos para que sea más fácil de manejar. Donde hay una necesidad humana; hay una gran fortuna. Ahora, pues, inventa un botón que sea seguro para los cuellos y vuélvete rica.

Él se burló de ella, y por consecuencia se burló de mí, y esa es una de las cosas más tristes que a veces viene sobre mí como una nube oscura a medianoche – aunque he trabajado muy duro por más de medio siglo, aun así he hecho muy poco. A pesar de la grandeza y la hermosura de su amabilidad al asistir esta noche, no creo que haya entre ustedes uno de cada diez que vaya a ganar un millon de dólares porque están aquí esta noche, pero la culpa no es mía, es de ustedes. Yo digo esto sinceramente. ¿De qué sirve mi charla si la gente no hace lo que yo le aconsejo que haga?

Cuando su esposo la puso en ridículo, ella se hizo a la idea de que haría un mejor cierre de cuello, y cuando a una mujer se le mete algo en la cabeza, y no dice nada a nadie, ella lo hace.

Fue esa mujer de Nueva Inglaterra la que inventó el botón de presión que hoy en día se puede encontrar en todos lados. Primero fue un cierre para cuello con remache en la parte externa. Cualquiera de ustedes que use impermeables conoce el botón que simplemente se presiona y para desabrochar simplemente se separa. Ese es el botón al cual me refiero, el que ella inventó. Después de eso ella inventó varios botones, y luego invirtió en más, y luego se asoció con grandes fábricas. Actualmente esa mujer se embarca cada verano es su propio buque de vapor – sí, y se lleva a su esposo consigo! Si su esposo muriera, ella tendría suficiente dinero para comprar un duque o un conde extranjero o algún título como ese al precio de la última cotización.

Entonces, ¿qué es lo que yo trato de enseñar en este suceso? Es lo siguiente: en ese entonces le dije, aunque no la conocía, lo que ahora les digo a ustedes, «Tú riqueza está muy cerca de ti. Tú la estás pasando por alto;» y ella tuvo que pasarla por alto porque estaba justamente debajo de su barbilla.

Yo he leído en el periódico que la mujer nunca ha inventado algo. Bueno, ese periódico debería comenzar

de nuevo. Por supuesto, no me refiero a los chismes –
me refiero a las máquinas – y si de chismes se trata, tal
vez debería incluir a los hombres. Ese periódico jamás
pudiese publicarse si las mujeres no hubiesen inventado
nada. Amigos, piensen. Ustedes mujeres, ¡piensen!
Ustedes dicen que no pueden ganar una fortuna porque
están en alguna lavandería, o manejando una máquina
de coser, puede ser, o de pie ante un telar, pero aun así
pueden ser millonarias si no hacen más que seguir esta
dirección casi infalible.

Cuando dices que las mujeres no inventan nada,
yo pregunto, ¿Quién inventó el telar Jacquard que tejió
cada puntada en la ropa que llevas puesta? La Señora
Jacquard. Los rodillos de impresora, la imprenta, fueron
inventados por esposas de agricultores. ¿Quién inventó
la desmotadora de algodón del Sur, que enriqueció
de manera increíble nuestro país? La Señora General
Greene inventó la desmotadora y le mostró la idea al
señor Whitney, y él como hombre se apoderó de ésta.
¿Quién inventó la máquina de coser? Si voy a la escuela
mañana y le pregunto a los niños de ustedes, ellos van a
decir, «Elias Howe».

Él estuvo en la guerra civil conmigo, y con
frecuencia en mi carpa, y a menudo lo escuchaba decir
que había trabajado por catorce años para conseguir que
la máquina de coser funcionara. Pero un día su esposa
pensó que se morirían de hambre si no inventaban
una que otra cosa pronto, y así que en dos horas ella
inventó la máquina de coser. Pero claro, él sacó la
patente a su nombre. Los hombres siempre hacen eso.

¿Quién inventó el cortacésped y la segadora? Según el comunicado confidencial del señor McCormick, publicado muy recientemente, fue una mujer de West Virginia, quien, después de que él y su padre hubiesen fracasado por completo tratando de hacer una segadora, y lo abandonaran, tomó un montón de tijeras y las clavó en el borde de una tabla, con un eje de cada una suelto, y luego los sujetó con cables, para que cuando ella jaló el cable en una dirección éstas se cerraron, y cuando ella jaló el cable en dirección contraria éstas se abrieron, y ahí, ella descubrió el principio de la máquina segadora. Si tú ves una segadora, tú puedes ver que no es más que un montón de tijeras.

Si una mujer puede inventar una segadora, si una mujer puede inventar el telar Jacquard, si una mujer puede inventar una desmotadora de algodón, si una mujer puede inventar un interruptor de línea aérea del trolebús – así como lo hizo y de esa manera hacer posible la existencia de los trolebuses; si una mujer es capaz de inventar, así como lo dijo el señor Carnegie, los maravillosos exprimidores de hierro que establecen las bases de todos los millones de acero en Los Estados Unidos, «nosotros los hombres» podemos inventar cualquier cosa en esta tierra. Yo digo esto para animar a todos los hombres.

¿Quienes son los grandes inventores del mundo? Se nos presenta esta lección otra vez. El gran inventor está a tu lado, o eres tú mismo.

—Ah, —dirás tú—, Pero yo nunca en mi vida he inventado nada.

Tampoco los grandes inventores inventaron nada hasta que descubrieron un gran secreto. ¿Tú piensas que es un hombre con una cabeza enorme o un hombre como un rayo de luz? No es ninguno de los dos. El hombre realmente estupendo es un hombre simple, sencillo, común, y con sentido común. Tú ni siquiera soñarías que él es un gran inventor si no vieras algo que él ha hecho. Sus vecinos no lo consideran tan importante. Tú nunca ves nada extraordinario detrás del cerco de la parte de atrás de tu casa. Tú dices que no hay grandeza entre tus vecinos y que toda la grandeza está en algún lugar muy lejos. Su grandeza es tan simple, tan sencilla, tan sincera, tan práctica, que los vecinos y los amigos nunca la reconocen.

La verdadera grandeza con frecuencia no es reconocida. Eso es seguro. Uno no sabe nada acerca de los hombres y las mujeres más grandes. Yo fui para escribir acerca de la vida del general Garfield, y un vecino, sabiendo que yo andaba de prisa, y mientras estaba una gran multitud en la puerta de enfrente, me llevó por la puerta de atrás y gritó, «¡Jim, Jim!» Y muy pronto «Jim» llegó a la puerta y me dejó entrar, y yo escribí la biografía de uno de los más grandes hombres de la nación, y sin embargo él seguía siendo el mismo «Jim» para sus vecinos. Si tú conoces a un gran hombre en Filadelfia, y te reúnes con él mañana, tú dirías, «¿Cómo estás, Sam?» o «Buenos días, Jim.» Por supuesto que lo harías. Eso es exactamente lo que harías.

Uno de mis soldados en la Guerra Civil había sido sentenciado a muerte, y yo fui a Washington a la Casa

Blanca – enviado ahí por primera vez en mi vida – a ver al Presidente.

Fui a la sala de espera a sentarme en las bancas junto con muchos otros, y el secretario preguntó a cada uno qué era lo que quería. Después que el secretario había terminado de preguntar a todos los que estaban en línea, se fue para adentro, luego regresó a la puerta y me hizo señas para llamarme. Yo fui a la antesala, y luego el secretario dijo: «Esa es la puerta del presidente, la que está ahí, sólo dé un toquecito suave y entre directamente.»

Yo nunca había estado tan desconcertado, amigos, en toda mi vida, nunca. El propio secretario la puso más difícil para mí, porque él me había dicho cómo entrar y luego salió por otra puerta que estaba a lado izquierdo y la cerró. Y ahí estaba yo, solo en el pasillo frente a la puerta del Presidente de Los Estados Unidos de América. Yo había estado en campos de batalla, donde chillaban los proyectiles y algunas veces me alcanzaron las balas, pero yo siempre quería correr.

Yo no siento ninguna clase de simpatía por el hombre viejo que dice: «Yo estaría tan dispuesto a marchar directamente a la boca del cañón como ir a comer mi cena.» Yo no tengo fe en ningún hombre que no sabe lo suficiente como para tener miedo cuando le están disparando. Yo nunca tuve tanto miedo cuando los proyectiles pasaban cerca de nosotros en Antietam como cuando entré a ese cuarto ese día; pero finalmente agarré el valor – yo no sé cómo lo hice –

y con el brazo extendido toqué la puerta. El hombre que estaba adentro no me ayudó en absoluto, más bien gritó, «Entra y siéntate».

Bueno, yo entré y me senté en la orilla de la silla, y deseaba estar en Europa. El hombre que estaba en la mesa no levantó la vista. Él era uno de los hombres más grandes del mundo, y fue hecho grande por medio de una sola regla. Ojalá que todos los jóvenes de Filadelfia estuviesen frente a mí ahora y les pudiese decir nada más esta sola cosa; y que ellos la recordaran. Daría la vida por el efecto que tendría en nuestra ciudad y en la civilización.

El principio de grandeza de Abraham Lincoln puede ser adoptado por casi todos. Esta era su regla: cualquier cosa que tuviera que hacer, él ponía toda su atención en ésta y la mantenía ahí hasta que había terminado de hacerla. Eso es lo que hace hombres grandes en casi todos lugares. Él mantuvo la mirada en esos papeles que tenía sobre la mesa y no me miró, mientras yo estaba ahí sentado temblando.

Finalmente, cuando había puesto el cordón alrededor de sus papeles, él los empujó hacia un lado y me miró, y una sonrisa apareció en su extenuado rostro.

Él dijo: —Yo soy un hombre muy ocupado y solamente tengo unos pocos minutos disponibles. Ahora dime en pocas palabras qué es lo que quieres.

Yo empecé a decirle, y mencioné el caso, y él dijo:

—Yo he oído todo acerca del caso y tú no necesitas decir nada más. El señor Stanton me estuvo hablando de este caso hace pocos días. Tú te puedes ir al hotel a descansar y estar seguro de que el presidente nunca firmó una orden para que le dispararan a un muchacho menor de veinte años de edad, y nunca lo hará. De cualquier manera tú le puedes decir eso a su madre.

Y luego me dijo: —¿Cómo están las cosas en el campo de batalla?

Yo le dije: —A veces nos desanimamos.

Y él dijo: —Está bien. Nosotros vamos a ganar. Nos estamos acercando a la luz. Ningún hombre debe desear ser el Presidente de Los Estados Unidos, y yo voy a estar muy contento cuando pase todo esto; luego Tad y yo nos vamos a ir a Springfield, Illinois. Yo he comprado una granja allá y no me importa si gano solamente veinticinco centavos al día. Tad tiene una yunta de mulas, y vamos a plantar cebollas.

Y luego me preguntó: —¿Fuiste criado en una granja?

Y yo le dije: —Sí; en las Colinas de Berkshire de Massachusetts.

Entonces él puso su pierna sobre la esquina de su silla grande y dijo: —Yo he oído muchas veces, desde que era joven, que allá arriba, en esas montañas tú tienes que afilar la nariz de tus ovejas para que puedan alcanzar la hierba que está entre las piedras.

Él estaba tan informal, tan cotidiano, tan típico de un agricultor, que muy pronto me sentí como en casa con él.

Entonces él agarró otro rollo de papel, me miró y dijo: —Que tenga buen día.

Yo capté la indirecta, me levanté y fui. Después de que había salido, no podía creer del todo que yo hubiese visto al Presidente de Los Estados Unidos.

Pero pocos días después, cuando todavía estaba en la ciudad, yo vi a la multitud pasar por la sala del este a lado del ataúd de Abraham Lincoln, y cuando vi el rostro boca arriba del asesinado Presidente, yo sentí en ese momento que el hombre al que antes había visto por tan corto tiempo, un hombre tan simple, tan sencillo, era uno de los hombres más grandes que Dios hubiese levantado para dirigir una nación a la libertad final. Sin embargo, él era solamente «Old Abe» para sus vecinos.

Cuando tuvieron el segundo funeral, yo estuve invitado entre otros, y fui a verlos poner de nuevo el mismo ataúd en la tumba de Springfield. Alrededor de la tumba estaban los viejos vecinos de Lincoln, para quien Lincoln era solamente «Old Abe.» Por supuesto que eso es todo lo que ellos le llamarían.

¿Has visto a un hombre que se da aires creyéndose demasiado importante como para darse cuenta de un trabajador ordinario de mecánica? ¿Creen que él es grande? Él no es más que un globo bien inflado, sujetado al piso por sus grandes pies. Ahí no hay grandeza.

Acres de diamantes

6

¿Quiénes son los hombres y mujeres grandes? El otro día me llamó la atención la historia de algo muy pequeño que hizo la fortuna de un hombre muy pobre. Era algo horrible, sin embargo a causa de esa experiencia él – que no era ni gran inventor ni genio – inventó el alfiler que ahora lleva el nombre de alfiler de seguridad, y por ese alfiler de seguridad él hizo la fortuna de una de las grandes familias aristócratas de la nación.

Un hombre pobre de Massachusetts que había trabajado fabricando clavos se lastimó a la edad de treinta y ocho años, y él ganaba solamente una pequeña cantidad de dinero. Él fue contratado en la oficina para borrar la marcas en las facturas hechas por memorandos con lápices, y él usó un pedazo de goma hasta que su mano se cansó. Entonces él ató un pedazo de goma en el extremo de un palo y funcionó como un cepillo. Su pequeña niña vino a la oficina y le dijo:

—¿Tienes una patente, no es cierto?

Un tiempo después el papá dijo, —Cuando yo tomé esa goma y la puse en el extremo del palito, mi hija me dijo que eso era una patente, y eso fue la primera vez que pensé en esa idea.

Él fue a Boston y aplicó para su patente, y cada uno de ustedes que tiene un lápiz con borrador al extremo en su bolsillo está pagando impuesto a ese millonario. No invirtió capital, ni un solo centavo en esto. Todo era ingreso, hasta alcanzar millones.

Pero déjenme pasar con prisa a otro gran pensamiento.

—Muéstrenme los grandes hombres y mujeres que viven en Filadelfia.

Y un hombre por allá se levantará y dirá, —Nosotros no tenemos grandes hombres in Filadelfia. Ellos no viven aquí. Ellos viven lejos, en Roma o San Petersburgo, o Londres, o Manayunk, o en cualquier otro lado menos en este pueblo.

Yo he llegado a la cúspide de mi pensamiento. Ahora yo he llegado al «meollo» de todo el asunto y al centro de mi lucha: ¿Por qué Filadelfia no es una ciudad más grande en riqueza y apogeo que lo que es? ¿Por qué Nueva York sobrepasa a Filadelfia? La gente dice: «Es por el Puerto.» ¿Por qué muchas otras ciudades de Los Estados Unidos progresan más que Filadelfia en la actualidad?

Hay solamente una respuesta; es porque nuestra propia gente habla mal de su propia ciudad. Si hay alguna comunidad en la tierra que tiene que ser forzada a salir adelante, es la ciudad de Filadelfia. Si vamos a tener un Boulevard, se habla mal de él; si vamos a tener mejores escuelas, se habla mal de éstas; si deseas tener una legislación sabia, se habla mal de ésta, se habla mal de todas las buenas propuestas. Eso es el único gran mal que puedo decir de la magnífica Filadelfia que ha sido universalmente amable conmigo. Yo digo que es el momento de dar la vuelta en nuestra ciudad y comenzar a hablar de las cosas buenas que hay en nuestra ciudad, y comenzar a ponerlas ante el mundo así como hace la gente de Chicago, Nueva York, San Luis, y San Francisco. Ah, si solamente pudiéramos fomentar ese espíritu entre nuestra gente, ¡que nosotros podemos hacer las cosas en Filadelfia, y hacerlas bien!!

Levántense, ustedes millones de Filadelfinos, confíen en Dios y en el hombre, y crean en las grandes oportunidades que hay aquí – no en Nueva York o Boston – sino aquí – para negocios, para todo por lo que vale la pena vivir en esta tierra. Nunca ha habido una oportunidad más grande. Vamos a hablar bien de nuestra ciudad.

Pero hay otros dos jóvenes aquí esta noche, y eso es todo lo que me voy a arriesgar a decir, porque ya es muy tarde. Hay uno por allá que se levanta y dice:

—Va a llegar a haber un gran hombre en Filadelfia, como nunca hubo ninguno.

—Ah, ¿no me diga? ¿Cuándo va usted a ser grande?

—Cuando sea elegido para un cargo político.

Joven, ¿no ha aprendido la lección del manual básico de la política de que a primera vista es evidente la pequeñez que hay en tener un cargo político bajo nuestra forma de gobierno? Grandes hombres obtienen cargos políticos en ocasiones, pero lo que este país necesita son hombres que hagan lo que nosotros les pidamos que hagan. Esta nación – donde la gente gobierna – es gobernado por la gente, para la gente, y siempre cuando así sea, aquel que tiene un cargo político no es más que el servidor de la gente, y la Biblia dice que el sirviente no puede ser mayor que su amo. La Biblia dice: «Aquel que fue enviado no puede ser mayor que Aquel que lo envió.» La gente gobierna, o debería gobernar, y si lo hacemos, no necesitamos a hombres más grandes en los puestos públicos. Si los hombres grandes en América tomaran los puestos públicos, nos convertiríamos en un imperio en los próximos diez años.

Ahora que se aproxima el sufragio femenino, yo conozco a muchas mujeres jóvenes que dicen, «Algún día yo voy a ser presidenta de los Estados Unidos.» Yo creo en el derecho de las mujeres a votar, y no hay duda de que se avecina, de todos modos me voy a quitar de en medio. Yo mismo tal vez quisiera un puesto político algún día; pero si la ambición por una posición política es lo que influencia a las mujeres en su deseo a votar, yo quiero decir aquí mismo lo que les digo a los muchachos jóvenes: «Si solamente recibes el privilegio de emitir un voto, no recibes nada que valga la pena; al menos que tú controles más de un voto, tú serás desconocida, y tu influencia tan disipada que prácticamente no se podrá sentir.» Este país no es controlado por los votos. ¿Tú piensas que así es? Es gobernado por la influencia. Es gobernado por las ambiciones y las empresas que controlan los votos. La mujer joven que piensa que va a votar con la intención de ocupar un cargo de gobierno está equivocándose gravemente.

Ese otro joven se levanta y dice,

—Van a haber grandes hombres en este país y en Filadelfia.

—¿En serio? ¿Cuándo?

—Cuando venga una gran guerra, cuando nos metamos en problemas por esperar y vigilar en México; cuando entramos en Guerra con Inglaterra por algún acto frívolo, o con Japón o China, o Nueva Jersey o algún país lejano. Entonces voy a marchar hasta la boca del cañón; voy a avanzar en formación en medio de las brillantes bayonetas; voy a saltar y entrar en la arena, voy a derribar la bandera y llevarla como señal de triunfo. Yo vendré a casa con estrellas en mi hombro, y ocuparé cada cargo que el gobierno me puede regalar, y seré grande.»

No, no lo serás. Tú crees que vas a llegar a ser grande por tener un puesto en el gobierno, pero recuerda que si tú no eres grande antes de que consigas ese puesto, tú no serás grande cuando lo consigas. Sólo será una parodia de grandeza.

En esta ciudad celebramos un Jubileo de Paz después de la Guerra hispano-estadounidense. Allá en el Oeste no lo creen, porque dicen: «Filadelfia no habría oído de ninguna Guerra hispano-estadounidense sino de aquí en cincuenta años.» Algunos de ustedes vieron la procesión avanzar a lo largo de la Calle Broad. Yo no estaba, pero la familia me escribió para contarme que la carroza que llevaba al teniente Hobson se paró exactamente en la puerta de enfrente y la gente gritó: «¡Hurrá a Hobson!» Y si yo hubiese estado ahí, yo también habría gritado, porque él merece que este país le dé mucho más de lo que ha recibido. Pero supongamos que yo llego a una escuela y digo;

—¿Quién hundió El Merrimac en Santiago?

Y si los niños me contestan: —Hobson, —ellos me dirán una parte de verdad y siete partes de mentira. Habían siete héroes más en ese buque de vapor, y ellos, por virtud de su posición, estaban expuestos continuamente al fuego Español, mientras que Hobson, como un oficial, razonablemente podría haber estado detrás de la chimenea. Ustedes han reunido en este lugar a las personas más inteligentes, y aun así, tal vez nadie puede nombrar los otros siete hombres.

No deberíamos enseñar de esa manera la historia. Deberíamos enseñar que, no importa qué tan humilde sea la posición del hombre, si él cumple su deber por completo en esa posición, él tiene tanto derecho a ser honrado por la gente americana como el rey que está en su trono. Pero no enseñamos de esa manera. Ahora estamos enseñando en todos lados que los generales son los que pelean todo el combate.

Yo recuerdo que, después de la guerra, yo fui a ver al

General Robert E. Lee, ese magnífico caballero cristiano de quien tanto El Norte como El Sur se sienten orgullosos y tienen como uno de los americanos más grandes. El general me contó acerca de su sirviente «Rastus» quien era un soldado raso de color.

Él le llamó un día para hacer bromas con él, y dijo: —Rastus, escuché que el resto de tu compañía están muertos, ¿Por qué tú no estás muerto?

Rastus guiñó el ojo y le dijo: —Porque cuando hay algún enfrentamiento yo me quedó atrás con los generales.»

Recuerdo otra ilustración. No la mencionaría salvo por el hecho de que cuando ustedes vayan a la biblioteca a leer esta conferencia, encontrarán que ésta se ha incluido en la versión impresa por veinticinco años. Yo cierro mis ojos – los cierro completamente – y ¡He aquí! Veo los rostros de mi juventud. Sí, algunas veces la gente me dice: «Tú no tienes cabello blanco; tú estás trabajando día y noche y parece como si nunca dejas de trabajar; tú no puedes estar viejo». Pero cuando cierro los ojos, como cualquier otro hombre de mi edad, ah, entonces regresan en tropel los rostros de los que amaba y que se fueron hace mucho tiempo, y es entonces cuando me doy cuenta que no importa lo que los demás digan; la vejez ya llegó.

Yo cierro mis ojos y veo años atrás a mi pueblo natal en Massachusetts, y veo el recinto para las exhibiciones de ganado en la cima de la montaña; ahí veo el establo de caballos. Yo puedo ver la Iglesia Congregacional; veo la alcaldía del pueblo y las cabañas montañeses; veo una gran asamblea de personas acudir, vestidos de manera resplandeciente, y puedo ver las banderas ondear, puedo ver a la gente saludarse con pañuelos y puedo oír las bandas tocar. Yo veo el grupo de soldados que se han realistado subir marchando sobre el recinto para las ferias de ganado. Yo no era más que un muchacho, pero yo era el capitán de ese grupo y estaba inflado de orgullo. Una fina aguja me hubiera hecho reventar en pedazos. En aquel entonces pensaba que era el evento más grandioso que haya sucedido a los hombres de esta tierra. Si tú alguna vez has pensado que te gustaría ser un rey o una reina, ve y sé recibido por el alcalde.

Las bandas tocaron, y toda la gente acudió para recibirnos. Yo marché hacia el frente de ese campo común, tan orgulloso al frente de mis tropas, y nos dimos la vuelta hacia el Edificio de la Alcaldía. Y luego ellos sentaron a mis soldados a ambos lados del pasillo central y yo me senté en el asiento de la primera fila. Una gran asamblea de gente – uno o dos centenares – vino para llenar el ayuntamiento, así que todos ellos estaban parados por todos lados. Luego los oficiales de la ciudad llegaron y formaron un medio círculo. El alcalde del pueblo se sentó en medio de la plataforma. Él era un hombre que nunca antes había tenido un cargo gubernamental; pero era un buen hombre, y sus amigos me han dicho que yo podía contar esto sin ofenderlos. Él era un buen hombre, pero él pensaba que un cargo de gobierno lo hacía un hombre grande. Él llegó y se sentó, ajustó sus anteojos potentes, y vio a su alrededor, cuando de repente me divisó estando yo sentado en el asiento del frente. Él se me acercó directo sobre la plataforma y me invitó a subir y sentarme junto con los oficiales de la ciudad. Ninguno de los oficiales se fijó en mí antes de que yo fuera a la guerra, excepto para aconsejar al maestro para que me diera una paliza, y ahora yo era invitado a subir y estar con los oficiales de la ciudad. ¡Qué cosas! El alcalde de la ciudad era en ese tiempo el emperador, el rey de nuestros días y nuestra era. Mientras yo subía a la plataforma, ellos me dieron una silla a esta distancia, yo diría, del frente.

Cuando yo me había sentado, el presidente de los Representantes se levantó y vino adelante hacia la mesa, y todos suponíamos que él iba a presentar al Ministro Congregacional, quien era el único orador en el pueblo, y que él daría el discurso a los soldados que estaban regresando. Pero, amigos, ustedes hubieran visto la sorpresa que se llevó la audiencia cuando descubrieron que él mismo iba a dar el discurso. Él nunca en su vida había dado un discurso, pero cayó en el mismo error en el que cientos de hombre han caído. Parece muy extraño que un hombre no aprenda que debe aportar unas palabras cuando es un muchacho joven si su intención es ser un orador cuando crezca, pero parece que piensa que todo lo que tiene que hacer, es ocupar un cargo público para poder ser un gran orador.

Así que él llegó al frente, trayendo consigo un discurso que había aprendido de memoria caminando de arriba para abajo en el pasto, donde había espantado el ganado. Él trajo el manuscrito consigo y lo extendió sobre la mesa así como para asegurarse de poder verlo. Él se ajustó sus anteojos y se inclinó por un momento y se dirigió de nuevo hacia la plataforma, y luego se acercó con pasos pesados. Debía de haber estudiado el tema bastante, ahora que lo pienso, porque asumió una actitud «declamatoria», Él estaba recostado en gran medida en su talón izquierdo, echó sus hombros hacia atrás, avanzó levemente su pie derecho, abrió los órganos del habla, y avanzó su pie derecho en un ángulo de cuarenta y cinco. Mientras permanecía de pie en esa actitud declamatoria, amigos, esta es exactamente la manera en la que el discurso se desarrolló. Algunas personas me preguntan, «¿No está exagerando?» Eso sería imposible. Pero yo estoy aquí para la lección, y no para el cuento, y de esta manera desarrolló el discurso:

«Compatriotas –» tan pronto como escuchó su voz, sus dedos empezaron a descontrolarse, sus rodillas comenzaron a temblar, y luego todo el cuerpo le temblaba. Él se atragantó y tragó saliva, y fue a la mesa a ver el manuscrito. Entonces cobró fuerza de nuevo, apretó los puños y regresó: «Compatriotas, nosotros estamos – compatriotas, nosotros estamos – nosotros estamos – nosotros estamos – nosotros estamos – nosotros estamos muy felices – nosotros estamos muy felices – nosotros estamos muy felices. Nosotros estamos muy contentos de dar la bienvenida a su pueblo natal a esos soldados que han peleado y derramado sangre – y regresado de nuevo a su pueblo natal. Estamos especialmente – estamos especialmente – estamos especialmente. Estamos especialmente complacidos de ver con nosotros a este joven héroe» (se refería a mí) – «este héroe quien en la imaginación» (amigos, recuerden que él dijo eso; si él no hubiera dicho «en la imaginación» yo no sería lo suficientemente egoísta como para mencionar esto en lo absoluto) – «este joven héroe que hemos visto en la imaginación – nosotros hemos visto conducir sus tropas hacia la brecha mortal. Hemos visto su brillante – hemos visto su brillante – su brillante – su brillante espada – brillar. Brillar en la luz del sol, mientras él gritaba a sus tropas, "¡Vamonos!"»

¡Dios santo, santo, santo! Ese buen hombre sabía muy poco de guerra. Si hubiera sabido aunque sea algo de la guerra, debería haber sabido lo que cualquiera de mis compañeros de G.A.R. aquí presentes esta noche les constataría, que es casi un crimen que un oficial de infantería jamás vaya delante de sus hombres en tiempo de peligro. «Yo, con mi brillante espada brillando a la luz del sol, gritando a mis tropas, ¡Vamonos!» Yo nunca hice eso. ¿Ustedes creen que yo voy a ir al frente de mis hombres para ser fusilado al frente por mi enemigo o atrás por uno de mis propios hombres? Ese no es un lugar para un oficial. El lugar para el oficial en plena batalla es atrás de la fila. Con qué frecuencia, como oficial del estado mayor, yo cabalgué a lo largo de la fila, cuando nuestros hombres eran llamados repentinamente a la fila de batalla, y los gritos rebeldes emanaban del bosque, diciendo: «¡Oficiales a la cola! ¡Oficiales a la cola!» Entonces cada oficial se pone detrás de la fila de los soldados rasos, y entre más alto el rango del oficial, más atrás se posiciona. No es porque él sea menos valiente, sino porque las leyes de la guerra así lo mandan. Y aun así, él gritó, «Yo, con mi brillante espada – ». Ahí en esa casa, estaba la tropa de mis soldados que habían llevado a ese muchacho a través de los ríos Carolina para que no se mojara los pies. Algunos de ellos habían ido lejos a conseguir un cerdo o un pollo. Algunos de ellos fueron a morir bajo los pinos bombardeados en las montañas de Tennessee, pero en el discurso del buen hombre, éstos valientes eran casi desconocidos. Él sí se refirió a ellos, pero sólo casualmente. El héroe principal era este muchacho. ¿Le debía algo esta nación a ese muchacho? No, nada en ese entonces, nada en el presente. ¿Por qué era él el héroe? Simplemente porque él cayó en ese mismo error humano – que este muchacho era grande porque él era un oficial y los demás eran solamente soldados rasos.

Ah, vaya que yo aprendí la lección que nunca voy a olvidar mientras tenga vida. La grandeza no consiste en tener un puesto público en el futuro, más bien consiste en hacer buenas obras con pocos medios económicos y el logro de grandes fines a partir de los rangos de la vida privada. Para ser siquiera algo grande, se debe ser grande aquí, ahora, en Filadelfia. Aquel que le pueda dar a esta ciudad mejores calles y mejores aceras, mejores escuelas y mejores universidades, más felicidad y más civilización, más de Dios, éste será grande en cualquier lugar. Cada hombre y cada mujer aquí, si no vuelve a escucharme otra vez, que recuerde esto, que sí tú deseas de alguna manera ser grande, tú debes empezar donde estás y como estás, en Filadelfia, ahora. Aquel que le pueda dar a su ciudad alguna bendición, aquel que pueda ser un buen ciudadano mientras viva aquí, aquel que pueda construir mejores hogares, aquel que pueda ser una bendición, ya sea trabajando en una tienda, o sentado detrás de un contador, o haciendo las tareas del hogar, cualquiera que sea su vida, aquel que quisiera ser grande en cualquier lugar, primero debe ser grande en su propia Filadelfia.

¡Gracias!

Segunda parte:
Orando por obtener dinero

Acres de diamantes

En todos estos cuarenta años de oración, de los cuales solamente cierta cantidad se pudo mantener en registro, no hubo tema más satisfactorio que la experiencia de una compañía tan grande orando por dinero. No hubo un plan de procedimiento preestablecido ni tampoco propósitos especulativos para obtener la ayuda de Dios en la acumulación de propiedades. Pero por alguna razón, lo que ahora no recuerdo, fue dado como el tema de una meditación vespertina, «¿Deberíamos orar por dinero?»

Había una división muy grande de opiniones, algunos afirmando que no estamos autorizados para orar por nada más que el Espíritu Santo. Otros afirmaron con plena confianza que la oración se debería hacer por cualquier cosa que nosotros creemos necesitar. La mayoría parecía estar segura de que el hombre debe trabajar y buscar solamente «El Reino de Dios», y que ellos deberían creer que Dios nos dará todas las demás cosas cuando las necesitemos. Afortunada o providencialmente los hombres y mujeres que creían en la teoría de que Dios mandó a sus discípulos que oraran por dinero decidieron poner el asunto a prueba justa. Ellos fueron dirigidos por un diácono consagrado, en cuya casa tuvieron reuniones semanales. Al inicio ellos no pidieron dinero a Dios, pero oraron diariamente por instrucción en cuanto a la importante pregunta de que si era un deber, o si era permitido que el hombre orara por éxito en un negocio secular. Habían cuatro hombres y varias mujeres de negocios cuya experiencia era especialmente valiosa. Uno de ellos era el dueño o socio de un taller de encuadernación. El grupo de los creyentes dedicó una tarde completa para orar por la prosperidad del negocio. Ellos se pusieron de acuerdo, además, a orar todos al mismo tiempo por esa única petición todos los días, a las doce en punto, por una semana. Las condiciones eran especialmente adecuadas para observación, ya que el dueño del negocio era un devoto cristiano desinteresado, quien años antes había determinado dar el diez porciento de todos sus ingresos para la obra de Dios, y estaba dispuesto a darlo todo si una buena causa demandaba tal sacrificio.

La primera semana pasó sin que tuvieran un resultado visible, y algunos que eran débiles en la fe abandonaron el intento de poner a prueba el asunto de esa manera. Pero el pequeño grupo que quedó empezó a estudiar las condiciones en las cuales el Señor requería obediencia con el fin de estar seguro de una respuesta positiva. Su primera conclusión fue, que es correcto pedir al Señor por las necesidades de la vida, las cuales siempre incluyen comida, ropa, vivienda, salud y adoración. El buen diácono declaró que él tenía todas esas cosas. Él, sin embargo, informó que debía una gran suma por concepto de sus obligaciones comerciales, y que él había orado al Señor que lo ayudara a pagar sus deudas. Y entonces de común acuerdo esa compañía decidió orar por ese asunto.

Ahora no puedo recordar el monto de las deudas, pero era de varios miles de dólares, contratados para muebles y maquinaria del negocio. Aunque hay varios testigos que todavía viven, es difícil declarar con precisión las cantidades involucradas. Pero para aquellos que participaron en el experimento, los hechos principales se mantienen claros en sus memorias.

La primera oración de mediodía fue un miércoles, el día siguiente de la reunión de oración. El diácono, después de su almuerzo de mediodía, fue a una editorial que estaba ubicada sobre la calle Chestnut, como era su costumbre casi a diario. Ahí le presentaron a un caballero de Washington D.C., quien le dijo al diácono que, «por primera vez en la vida» se le había olvidado tomar el tren.

Él no conocía los negocios del diácono cuando le dijo que debía regresar a Washington sin visitar Nueva York, ya que sus negocios en Washington no se podían dejar más tiempo, sino requerían atención inmediata. Pero en su explicación él mencionó que tenía la intención de hacer un contrato en Nueva York por la encuadernación de libros en blanco para el gobierno.

Cuando el diácono mencionó el hecho de que él era un encuadernador, y hacía el mismo tipo de trabajo, inmediatamente el caballero se interesó, y comentó que él no sabía que dicho trabajo se podía hacer en Filadelfia. Él hizo preguntas en la tienda y, descubrió que la reputación de integridad y honestidad del diácono era muy alta, él acordó con el diácono poner nueva maquinaria, contratar otro piso en el edificio, y estuvo de acuerdo en que el gobierno debía hacer un pago adelantado por el primer pedido.

El diácono se apresuró a ver a otro miembro del círculo de oración, que era un joyero que tenía también su negocio en la Calle Chestnut y, con una lágrima, declaró que el Señor ya había mostrado que tenía su mano sobre el negocio. El tercer día, mientras el diácono estaba mirando una maquinaria, el vendedor le dijo que había escuchado que en Nueva York una compañía de encuadernación estaba cerrando el negocio debido a una oportunidad más grande para la empresa en otro tipo de trabajo, y el comerciante aconsejó al diácono que fuera a verla. Cuando la siguiente reunión semanal de oración se llevó a cabo, el diácono había comprado en Nueva York toda la maquinaria que necesitaba, toda en buena condición, y a un precio sorprendentemente bajo. Desde entonces, cuando entraba a su oficina en las mañanas, el diácono se encerraba sólo y oraba por diez minutos pidiendo la dirección del Señor en sus negocios.

Luego hubo otra prueba de oración por el común acuerdo del círculo de oración para orar por el joyero, que era uno de los miembros del círculo, y cuyo negocio estaba en una condición más deplorable. El joyero era de avanzada edad y muy olvidadizo; su hijo se había mudado fuera de la ciudad en lugar de quedarse entre los conocidos para cuando la inevitable ruina financiera llegara. El joyero explicó plenamente su condición en la reunión, e incluso declaró sus intenciones de llamar a una reunión con sus acreedores como algo preliminar a proceder a la bancarrota. Él dijo que la condición era tan evidentemente su culpa, que todo lo que se atrevía a pedirle a Dios era que sus acreedores tuvieran clemencia de él.

Dos o tres días después de la reunión, el hijo del joyero fue llamado a Filadelfia a atender el funeral de uno de los miembros de la familia de su esposa. Después del funeral, mientras hablaba con un fabricante de Baltimore, quien además era uno de los que estaban de luto, el hijo le contó que su padre era un relojero de primera clase con cuarenta años de experiencia, pero que no estaba capacitado para manejar las finanzas. El fabricante le dijo que él necesitaba un hombre con experiencia para supervisar una nueva fábrica en Baltimore, en ese entonces bajo construcción. El hijo aconsejó a su padre que le escribiera al fabricante para que le diera el trabajo cuando cerrara su tienda ubicada en la calle Chestnut. El joyero le escribió dando una clara descripción de sus problemas, y le pidió trabajo. El fabricante, después de que recibió la carta, tomó un tren a Filadelfia y pasó la tarde y buena parte de la noche tratando de hacer un estimado razonable del valor de la tienda ubicada en la calle Chestnut. El resultado del examen fue que el fabricante se hizo cargo de todo el negocio, pagó las deudas, y formó una sociedad con el joyero, que abrió las puertas a un comercio próspero.

Una anciana que debe de haber sido parte de ese círculo de oración escribió que ella se recordaba que los miembros del círculo se habían puesto de acuerdo para orar por su negocio, que en ese tiempo era una mercería ubicada en la Avenida Columbia, Filadelfia. Ella puso por escrito que poco después que el grupo unido empezó a orar por su negocio, hubo un incendio que destruyó la tienda de al lado del negocio de ella. Cuando estaban reconstruyendo la tienda de al lado, el dueño estaba ansioso por construir algo más amplio y le ofreció a ella una grande e inesperada suma como bono, y además deseaba unirse en sociedad con ella y poner ambas tiendas como una sola. Invirtió el bono en una renta vitalicia, y después el negocio le pagó lo suficiente para vivir con todas las comodidades de una vida culta.

Se dice que cada uno de los miembros de ese círculo de oración llegó a ser próspero, pero tal vez sea de gran ayuda hacer mención de uno más de los casos más extraordinarios. Un joven empleado de un gran banco nacional, que provenía de una granja para aprender todo lo que concierne a finanzas, declaró libremente que él estaba recibiendo todo lo que él merecía en el banco, y que estaba feliz con su situación financiera. Él le dijo al grupo que él no deseaba ser incluido en la lista de oración. Pero cuando los reportes exitosos de las oraciones empezaron a llegar, y el grupo empezó a crecer tanto en número como en participación, él empezó a pensar en cuánto más podría llegar a hacer si sus ingresos fueran más altos. Él manejaba miles de dólares cada día, y con frecuencia revisaba las cuentas de prósperos y generosos hombres de negocios de la ciudad. Por fin, el deseo de que Dios lo usara más, lo llevó a comenzar a orar por dinero. Finalmente, confesó su cambio de actitud y pidió al círculo de oración que le diera una semana para orar por él. Pocos días después una epidemia de gripe mandó a casi todos a la cama, excepto tres de los empleados del banco. Un día el asistente de cajero y el cajero fueron las únicas personas que llegaron a tiempo para la apertura del banco. Ellos persuadieron al vicepresidente de otro banco para que llegara a ayudarlos, y él estaba tan impresionado con la calma y eficiencia del joven cajero que le ofreció la posición de asistente de cajero en su propio banco. Finalmente la posición fue aceptada, y pocos años después, dio lugar a su ascenso a la presidencia del banco.

La experiencia de ese círculo de oración fue más o menos la misma experiencia de los miembros de la iglesia. El hecho de que la fe y los hábitos de una vida cristiana son sin duda lo más favorable tanto para el presente que estamos viviendo como para lo que está por venir, se confirma por lo general en todas partes por las sugerencias de un servicio en la iglesia, su ayuda para una vida honesta e industriosa, y la buena salud de los miembros de la iglesia.

Con relación a esta parte de nuestra narrativa se debería escribir un breve relato de una experiencia, la cual sorprendió aun a las mentes más conservadoras. Muy raras veces han habido llamamientos de subscripción en el Templo. Tales llamamientos han logrado muy poco. Las donaciones regulares de muchas personas han pagado continuamente todos los gastos y han provisto suficiente sobrante para finalmente pagar todas las deudas.

Pero hubieron temporadas cuando se necesitaron cantidades inusuales y el dinero fue provisto por alguna fuente inesperada, aparentemente como respuesta directa a una oración especial. En una ocasión una cantidad especialmente grande fue dada a la tesorería cuando se necesitaba imprescindiblemente y no se había dado ningún aviso de la necesidad en el púlpito.

Un domingo por la mañana el predicador no pudo pensar en ningún tema satisfactorio para desarrollar un sermón, y habló con la gente acerca de las lecciones de la escuela bíblica para ese día. El tema incluía una descripción de cómo era requerido que los Judíos escogieran el mejor cordero del rebaño para ofrendar a Dios. Ellos no esperaban que Dios contestara sus oraciones a menos que le dieran lo mejor a Dios.

El sermón fue concluido con una o dos oraciones de aplicación para nuestros tiempos. La exhortación enfática afirmó que las ofrendas y las oraciones deben ir de la mano, pero las ofrendas deberían preceder la oración. En el servicio de la tarde una persona envió una nota al púlpito, solicitando que el orden impreso del servicio «fuera cambiado para sustituir la palabra 'ofrenda' por la palabra 'colecta, de ahí en adelante.'» El ministro, actuando sobre el impulso del momento, anunció un cambio en el orden de servicio, y dijo que como la antigua costumbre de dar una ofrenda antes de pedirle a Dios por una bendición era ciertamente aceptable al Señor, una «ofrenda» sería tomada antes de la oración, en lugar de hacer la oración primero y luego recoger la ofrenda.

Una cantidad no inusual fue colectada esa tarde. Las

facturas de pago de la iglesia llegarían diez días después. Pero ni el ministro ni los ujieres pensaron que esas facturas tenían alguna relación con la ofrenda, aunque con frecuencia se hacían oraciones pidiendo la ayuda del Señor para pagar dichas deudas.

El siguiente domingo por la mañana, los ujieres recolectaron la suma más grande que jamás se había recibido; mientras que el hecho no se mencionó en el púlpito, fue tema comentado entre la gente después del servicio.

En el servicio de la tarde, la ofrenda fue tan grande que uno de los ujieres contó cómo él había tenido que ir a vaciar la canasta de la ofrenda y regresar a terminar de recolectar la ofrenda. Nada más se había dicho o hecho, y las facturas de pago de la iglesia fueron pagadas como cuestión de rutina. Pero las oraciones ese día fueron hechas justo antes de que la ofrenda fuera recolectada.

Se le preguntó a la audiencia dos veces para comprobar si alguien que había hecho una ofrenda especial en ese día en particular no había sido contestada, y no había ninguna excepción en la gran cantidad de testimonios acerca de la eficacia de la oración de ese día. Las declaraciones de las maravillas que siguieron a esa ofrenda de oración eran demasiado asombrosas para una creencia general. Pueda que los informes hayan sido exagerados en ese momento debido a la emoción, pero la gente había cumplido con las condiciones, y Dios había contestado claramente según su promesa. Ellos habían «traído sus diezmos al alfolí», y como resultado infalible

Dios había derramado sus bendiciones sobre ellos. Las cartas que llegaban a los oficiales de la iglesia contando incidentes relacionados con los efectos de las oraciones hechas ese día no eran archivados en ese entonces como han sido en años posteriores, y la historia depende completamente de la memoria de dos o tres testigos.

La siguiente lista parcial de casos es casi correcta. Los casos de recuperación repentina y a veces instantánea de enfermos, fueron relatados por cientos de personas. En uno de los casos, un pobre hombre cuyo único hijo con vida padecía de demencia, puso su dinero en la canasta de la ofrenda esa mañana y oró por la recuperación de su hija. Tanto ella como él contaban con frecuencia que mientras le daban a la fuerza un baño de agua fría, en el momento que la ofrenda fue hecha ella sintió «un ruido fuerte en la cabeza, como el disparo de una pistola,» y a partir de ese instante su mente se encontró normal en todos los aspectos. Su padre fue al sanatorio esa tarde, como lo hacía de costumbre cada domingo, y su hija se reunió con él en la puerta ya en su sano juicio.

Una señora vendió su mejores prendas y todas sus joyas el sábado, llevó todas las ganancias, y dio todo como ofrenda mientras oraba por su propia sanidad. Ella sufría mucho de reumatismo ciático, lo cual había heredado de varias generaciones. Ella cayó sobre los escalones del frente de la iglesia, mientras la acompañaban a su carruaje, y cuando ella se levantó descubrió que su dolor había desaparecido de manera permanente.

Un hombre de edad que estaba involucrado en una

ruinosa demanda sobre un contrato de arrendamiento de su pequeño negocio, trajo todas sus ganancias de la semana anterior y las depositó mientras oraba por una victoria justa y legal. El siguiente día, o el segundo día, su mercancía estaba tan dañada por el humo y el agua causados por el incendio que ocurrió en la tienda de al lado de la suya, que la compañía de seguros aceptó pagar su existencia con la valoración que él fijó y el propietario retiró la demanda.

Otro caso generalmente creído, pero que no está totalmente confirmado, fue el de un hombre inglés que no tenía suficiente dinero para pagar su boleto a Australia; depositó en la ofrenda todo lo que tenía y oró por su pasaje. Fue afirmado, y nadie lo contradijo, que el siguiente día él encontró en su billetera, o en la gaveta de su cómoda, un billete de cien dólares, puesto ahí por alguno de sus amigos a quien no pudo descubrir. Otra persona relató, cómo ella había decidido arriesgarlo todo en una oración, y lo dio todo mientras oraba. Cuando los plomeros llegaron a su casa a reparar una fuga una semana después de que ella había orado, descubrieron una tabla floja en el piso, bajo la cual su padre secretamente había escondido su dinero. La suma encontrada fue más que suficiente para pagar la hipoteca vencida de su casa.

Hubieron probablemente cincuenta casos similares que fueron reportados detalladamente en ese tiempo. Pero un solemne sentido de algo sagrado relacionado con esas experiencias invadió las asambleas, y no se dio ninguna noticia de éstas desde el púlpito. Y aun así, un sereno y cuidadoso examen de los resultados de ese ejercicio de fe, con frecuencia ha sugerido una fuerte duda en cuanto a que si esa experiencia hizo más mal que bien.

Los resultados inmediatos y directos convencieron a los creyentes devotos que cuando un verdadero siervo de Dios hace una ofrenda sincera, Dios siempre aceptará dicha ofrenda y contestará de alguna manera esa petición por completo. Pero parece imposible encontrar el límite entre las motivaciones que hacen una ofrenda aceptable o inaceptable a Dios. El éxito notable de ese día de ofrendas hizo que muchos creyeran que podían hacer negocios con El Señor.

Por muy absurdo que parece, habían muchos cristianos serios que creyeron que podían invertir una suma pequeña como ofrenda y al pedir una gran suma conseguirían una inmensa ganancia en la transacción. Surgió un espíritu peligroso de apuestas. Mujeres y hombres nobles fueron atrapados en la red teológica difundida por el espíritu del mal. De pronto el cielo se convirtió en bronce y ninguna ofrenda parecía ser aceptada. Fue un período peligroso en la historia de la iglesia. Algunos abandonaron toda fe en la oración. El espíritu de especulación llevó a algunos a dar una gran cantidad con la esperanza de recibir ciento por uno. El tesoro de la iglesia se estaba llenando rápidamente, pero habían divisiones en cuando a las inversiones de dinero. Algunos miembros importantes abandonaron la iglesia, mientras que otros consideraron sus ofrendas como una pérdida total y regresaron completamente al mundo secular.

Pero quedó un buen fundamento para una creencia consistente en el poder de la oración consistente para producir resultados objetivos. Mientras que puede ser difícil para un padre terrenal discernir entre las motivaciones de un hijo que le trae un regalo, para asegurarse que el regalo es una muestra de un afecto puro, el Señor no tiene tales limitaciones. Él sabe si la ofrenda es una aventura de jugar o una obra hermosa inspirada por un amor puro y desinteresado. Dios ama y responde a un dador alegre. El hijo amado recuerda la dedicación desinteresada de su madre y las ofrendas que ella le dio sin esperar recibir ninguna recompensa o nada a cambio, y el gozo que él sentía cuando ella le pedía que hiciera algo por ella.

Dios es amor y ama al amador. Su naturaleza intrínseca lo obliga a contestar las llamadas de sus amados. Pero Él no puede ser impulsado o engañado a conceder la oración de un codicioso engañador cuyos motivos son enteramente egoístas. La idea es tonta e inicua que ve a la disposición de la Providencia como una máquina tragamonedas en la cual el fingido adorador puede poner un centavo de cobre y sacar un dólar de oro. Así como el oro se paga con oro, de la misma manera el amor debe darse por amor.

Acres de diamantes

Tercera parte:
La historia de:
"Acres de diamantes"

por Robert Shackelton

Considerando todo, lo más extraordinario en la extraordinaria vida de Russell Conwell, es su conferencia, «Acres de Diamantes.» Es decir, la conferencia misma, el número de veces que la ha dado, qué fuente de inspiración ha sido ésta para miles, el dinero que él ha ganado y está ganando, y, aún más, la finalidad para la que se usa el dinero. En las circunstancias que rodean «Acres de Diamantes,» en su éxito tremendo, en la actitud mental revelada por la conferencia misma, y por lo que el Dr. Conwell hace con ésta, es revelador de su carácter, sus objetivos, su capacidad.

La conferencia es vibrante con su energía. Es como un destello de su esperanza. Está llena de su entusiasmo. Está llena de su intensidad. Propone las posibilidades de éxito para toda persona. Él la ha dado más de cinco mil veces. La demanda nunca ha disminuido. El éxito nunca merma.

Hay un momento en la juventud de Russell Conwell, que para él es muy doloroso recordar. Él me lo contó un día por la tarde, y el tono de su voz bajaba y bajaba mientras él recordaba más de su pasado. Él habló del tiempo cuando estuvo en Yale, ya que estos fueron días de sufrimiento. Porque él no tenía dinero para pagar

Yale, y al trabajar para conseguir más dinero, él aguantó amargas humillaciones. No era que el trabajo fuera muy duro, ya que Russell Conwell siempre ha estado listo para el trabajo duro. No era que hubieran privaciones y dificultades, porque él siempre ha encontrado las dificultades como cosas que superar, y sobrellevado privaciones con ánimo alegre. Fue la humillación que él tuvo que enfrentar – las humillaciones personales – que después de más de medio siglo todavía le dolían recordar – pero a pesar de esas humillaciones tuvo un resultado maravilloso.

«Determiné», dijo él, «que cualquier cosa que yo podía hacer para hacer más fácil el camino para otros jóvenes que trabajaban para sufragar sus gastos en la universidad, yo lo haría».

Así que, mucho años atrás, él comenzó a dar cada dólar que ganaba de «Acres de Diamantes» a este propósito definitivo. Él tiene algo a lo que se le puede llamar una lista de espera. En esa lista hay muy pocos casos a los cuales él ha revisado personalmente. Con lo ocupadísimo que él está, no puede hacer una investigación extensa y personal. Gran parte de esos nombres llega a él procedentes de los presidentes de las universidades que conocen de estudiantes de sus propias universidades con necesidad de que les den una mano.

«Cada noche» dijo él, cuando le pedí que me contara acerca de eso, «cuando se termina mi conferencia y el cheque está en mis manos, yo me siento en la habitación del hotel» – ¡qué imagen tan solitaria! -- «Yo me siento en la habitación del hotel y resto de la suma total que he recibido, lo que he gastado en ese lugar, y hago un cheque por la diferencia y lo envío a algún jóven de mi lista. Y siempre envío junto al cheque una carta de asesoramiento y ayuda, expresando mi esperanza de que sea de alguna ayuda para él, y le digo que no tiene que sentir ninguna obligación excepto con El Señor. Yo creo firmemente, y trato de que cada uno de los jóvenes se sienta de la misma manera, que él no tiene que tener ningún sentido de responsabilidad hacía mí, personalmente. Y les digo que espero dejar detrás de mí, hombres que hagan más trabajo del que yo he hecho. No piensen que yo pongo mucho asesoramiento», él agregó con una sonrisa, «porque yo solamente trato de dejarles saber que un amigo está tratando de ayudarles».

Su rostro se iluminó mientras hablaba. «¡Hay cierta fascinación en esto!» exclamó él. «¡Es como un juego de azar! ¡Y tan pronto como yo mando la carta y tacho el nombre de mi lista, ya me estoy dirigiendo al siguiente.»

Y después de hacer una pausa agregó: «Yo no intento mandarle a ninguno de esos jóvenes suficiente dinero para todos sus gastos. Pero quiero librarlos de la amargura, y cada cheque va a ser una ayuda. Y, también,» él concluyó, inocentemente en lenguaje común, «Yo no quiero que se den por vencidos».

Él me dijo que había dejado muy claro que él no deseaba obtener rendimientos o reportes de esta rama de su trabajo, porque se necesitaría de una gran cantidad de tiempo para vigilar y pensar y para leer y escribir esas cartas. «Pero es principalmente», continuó, «que no quiero mantenerlos bajo ese sentido de obligación».

Cuando yo sugerí que esto era sin duda un ejemplo del pan lanzado sobre las aguas que no iba a regresar, él estuvo callado por un momento y luego dijo pensativamente: «Cuando a uno le avanzan los años hay cierta satisfacción en hacer algo por el simple hecho de hacerlo. El pan regresa en el sentido de esfuerzo realizado».

Recientemente en un viaje a través de Minnesota, él estaba realmente trastornado, según me lo dijo su secretaria, cuando fue reconocido en el tren por uno de los jóvenes que había sido ayudado por «Acres de Diamantes,» y que al darse cuenta de que él realmente era el Dr. Conwell, entusiasmado trajo a su esposa para juntos agradecerle fervientemente por su ayuda. Tanto el esposo como la esposa estaban tan embargados de emoción que el mismo Dr. Conwell se embargó de emoción por completo.

La conferencia, para citar las nobles palabras del mismo Dr. Conwell, está diseñada para ayudar «a cada persona, de cualquier sexo, que abriga el alto propósito de tener una carrera de utilidad y honor.» Se trata de una conferencia útil. Y es una conferencia, que cuando es dada con la voz, el rostro y la manera de Conwell, está llena de fascinación. ¡Y sin embargo todo es tan sencillo!

Está llena de inspiración, de sugerencias, de ayuda. Él la modifica para satisfacer las circunstancias locales de los miles de diferentes lugares en los cuales la imparte. Pero la base sigue siendo la misma. Y aun para aquellos, para quienes es una vieja historia, acuden a escucharle una y otra vez. Es divertido para él decir que conoce a individuos que le han escuchado veinte veces.

Inicia con la historia contada a Conwell por un viejo Árabe mientras los dos viajaban juntos a Nínive, y, mientras tú oyes, escuchas la voces reales, y ves la arena del desierto y la palmeras mecerse. La voz del que da la conferencia es tan natural, sin esfuerzo; parece tan ordinaria y prosaica – sin embargo, toda la escena es en ese momento, vital y animado! Instantáneamente el hombre tiene su audiencia bajo una especie de hechizo, deseosa de escuchar, lista para ser alegre o seria. Él tiene el poder de controlar, la cualidad vital que hace a un orador.

La misma gente va a escuchar esta conferencia una y otra vez, y esa es la clase de tributo que le gusta al Dr. Conwell. Recientemente lo escuché dar esta conferencia en su propia iglesia, lugar donde naturalmente se consideraría una vieja historia, y donde es de suponer que solo algunos pocos fieles asistirían; pero parece muy claro que la iglesia completa son fieles, porque fue una gran audiencia la que vino a escucharle; apenas un par de asientos estaba vacantes en el gran auditorio. Y se debe agregar que, aunque era en su propia iglesia, no era una conferencia gratuita, donde podría esperarse una gran multitud, sino que cada persona pagó una suma generosa por un asiento – y el pago por la admisión es siempre la prueba puesta en práctica de la sinceridad del deseo de escuchar. Y la gente fue «arrastrada por la corriente» como si el conferencista y la conferencia hubieran sido de interés nueva. La conferencia en sí es una lectura buena, pero es solamente cuando es iluminada por la personalidad viva de Conwell, que uno entiende como ésta influencia en la presentación en vivo.

En esa noche en particular él había decidido dar la conferencia de la misma forma como la hizo la primera vez muchos años antes, sin ninguna de las modificaciones que se han hecho con el tiempo y cambio de localidades, y mientras él avanzaba, con la audiencia riéndose y carcajeándose como siempre, él nunca dudó que la estaba dando así como la había dado años atrás; y aun así – él necesariamente ha de ser tan al día y tan animado, a pesar de un esfuerzo definitivo de proyectarse a sí mismo años atrás – que de vez en cuando nos venía con ilustraciones de cosas tan distintivamente recientes como el automóvil.

La última vez que escuché la conferencia, fue la vez número 5,124. ¡Parece increíble, no? ¡Cinco mil ciento veinticuatro veces! Me di cuenta que el lugar en donde iba a dar la conferencia era un lugar pequeño y apartado, difícil para que cualquier número considerable de personas pudiera llegar, y me pregunté cuál sería la cantidad de personas que se reunirían, y si se quedarían impresionadas. Así que decidí ir desde el lugar donde yo estaba, a pocas millas de distancia. La carretera estaba oscura e imaginé una audiencia pequeña, pero cuando llegué, me di cuenta que el edificio de la iglesia donde él iba a dar su conferencia tenía capacidad para 830, y precisamente esas 830 personas estaban ya sentadas ahí; había más personas paradas en el margen de atrás. Muchos habían llegado desde millas de distancia, a pesar de que se había hecho muy poca publicidad de la conferencia, si es que la habían hecho. Pero la gente se decía unos a otros: «¿No vas a ir a escuchar al Dr. Conwell?» Y de esa manera se había dado a conocer la noticia.

Yo recuerdo lo fascinante que fue ver a esa audiencia, porque ellos respondieron de una manera tan intensa y con un sentido tan sincero de placer durante toda la lectura. Y no solamente estaban inmensamente contentos, entretenidos e interesados – y para lograr eso en una iglesia que estaba en un cruce de caminos fue en sí un triunfo del cual debe estar orgulloso – pero yo sabía que a cada uno de los oyentes les fue dado un impulso para hacer algo por sí mismo o por otros, y que por lo menos con algunos de ellos, ese impulso iba a convertirse en hechos. Una y otra vez nos damos cuenta del poder que tal hombre ejerce.

¡Y qué abnegación! Porque, con lo avanzado de edad que él está, y sufriendo dolor, él no acorta su conferencia a una longitud determinada; él no habla solamente por una hora, ni habla de mala gana por una hora y media. Él ve que la gente está fascinada e inspirada, y él se olvida del dolor, ignora el tiempo, se olvida de que ya está tarde, y que tiene un largo viaje de camino para su casa, y continúa generosamente por dos horas! Y todos desearían que fueran cuatro horas.

Él siempre es de verbo fácil y compasivo. Hay

genialidad, calma, sentido del humor, simplicidad y bromas hogareñas – a pesar de todo, no deja que la audiencia se olvide que él habla con tremenda seriedad a cada momento. Ellos reaccionan receptivamente con una gran risa o se quedan silenciosos con su atención captada. Una emoción se puede ver extenderse por una audiencia, de seriedad o sorpresa o diversión o resolución. Cuando él está serio y sobrio o ferviente, la gente piensa que él es un hombre fervientemente serio, y cuando él está diciendo algo humorístico, hay en él casi una risa reprimida, una agradable apreciación de lo divertido que es, ni la más mínima idea de que estuviera riendo de su propio sentido del humor, más bien, como si él y sus oyentes se estuvieran riendo juntos de algo de lo cual todos estuvieran humorísticamente al tanto.

Innumerables éxitos en la vida han venido por medio de la inspiración directa de esta única conferencia. Se oye hablar de tantas, que deben de haber muchas más que nunca han sido contadas. El mismo Dr. Conwell me contó algunas de las más recientes; una era acerca de un muchacho de granja que caminó una larga distancia para venir a escucharlo. De regreso a casa, según el muchacho de aquel entonces, ahora ya un hombre, le ha escrito, él pensó una y otra vez qué podía hacer para avanzar, y antes de llegar a casa él se enteró de que se necesitaba un maestro en cierta escuela rural. Él sabía que él no sabía lo suficiente para enseñar, pero estaba seguro que podía aprender, así que él, valientemente solicitó la posición de maestro. Y algo en su sinceridad le hizo ganar la posición temporalmente. Desde entonces él estudió tan duro y devotamente, mientras que enseñaba diariamente, que en pocos meses, él era un empleado regular de ese lugar. «Y ahora» dijo Conwell de repente, pasando por encima los detalles intermedios entre el inicio importante de una cosa y el fin satisfactorio, «Y ahora ese joven es uno de los presidentes de nuestra universidad».

Y muy recientemente una dama se acercó al Dr. Conwell, la esposa de un hombre excepcionalmente prominente que ganaba un salario alto, y le dijo que su esposo era tan desinteresadamente generoso con el dinero que con frecuencia ellos casi llegaban a pasar necesidades. Y ella dijo que ellos habían comprado una pequeña granja para usarla como casa de campo, pagando solamente unos pocos centenares de dólares por ésta, y que ella se había dicho a sí misma, entre risas, después de escuchar la conferencia, «¡En este lugar no hay acres de diamantes!» Pero ella además dijo que había encontrado ahí un manantial de agua excepcionalmente pura, aunque cuando la compraron sabían muy poco del manantial; y que Dr. Conwell la había inspirado tanto que ella había mandado a que analizaran el agua y, como encontraron que el agua era extraordinariamente pura, comenzaron a embotellarla y venderla como agua especial de manantial bajo una marca comercial. Y ella está ganando dinero. Y ella además vende hielo puro del pozo, cortado durante el invierno – y todo esto como resultado de «Acres de Diamantes».

Varios millones de dólares, en total, han sido recibidos por Russell Conwell como ingresos únicamente de esta conferencia. Dicho hecho es tan asombroso que es casi apabullante – y es más apabullante darse cuenta del bien que hace este hombre en el mundo, hombre que no gana para sí mismo, sino que usa su dinero en ayuda inmediata. Y uno no puede pensar ni escribir con moderación cuando se da cuenta además de que mucho mayor bien de lo que se puede realizar con el dinero que él gana, él realiza alentando e inspirando con su conferencia. Su corazón siempre está con el cansado y el agobiado. Él siempre está a favor de la autosuperación.

El año pasado, 1914, a él y a su trabajo se les dio un reconocimiento único, porque sus amigos sabían que esta conferencia en particular estaba por llegar a su presentación número cinco mil, y ellos planearon una celebración de este evento en la historia de la conferencia más popular en el mundo. El Dr. Conwell aceptó hacer su presentación en la Academia de Música, en Filadelfia, y el edificio estaba lleno y las calles aledañas estaban abarrotadas. Los ingresos de todas las fuentes de la conferencia número cinco mil fueron más de nueve mil dólares.

La influencia que Russell Conwell se ha ganado sobre el afecto y el respeto de su ciudad de residencia fue visto no solamente por los miles que se esforzaron para escucharle, sino también por los hombres prominentes del comité local que estaban a cargo de la celebración. Había además un comité nacional, y el amor que él se ha ganado a nivel nacional, la apreciación a nivel nacional de lo que él ha hecho y aún está haciendo, fue mostrado con el hecho de que entre los nombres de los notables en este comité estaban los gobernantes de nueve estados. El gobernante de Pensilvania estuvo presente en persona para honrar a Russell Conwell, y le dio una llave emblemática de la Libertad del Estado.

La «Libertad del Estado» – sí; este hombre, pasado de los setenta, se la ha ganado. La Libertad del Estado, la Libertad de la Nación – porque este hombre útil, este maravilloso exponente del evangelio del éxito, ha trabajado admirablemente por la libertad, el mejoramiento, la liberación, el avance del individuo.